KB064888

南方諸地域用日本文法教本

남방 제지역용 일본문법교본

일본 동남아시아 학술총서 **14**

남방 제지역용 일본문법교본

南方諸地域用日本文法敎本

日本語敎育振興會 간행 ― 채성식 역

보고사
BOGOSA

간행사

　고려대학교 글로벌일본연구원은 근대기 이후 동남아시아 지역에 대한 지속적이며 지대한 관심을 바탕으로 이 지역 관련 연구를 활발히 진행하였던 일본의 동남아시아 관련 연구성과를 국내에 소개하는 한편, 그들이 축적한 동남아시아에 대한 지견을 올바로 파악하고자 '일본동남아시아 학술총서'를 기획·발행하게 되었다. 본 총서는 2021년 전 8권으로 간행한 '일본동남아시아 학술총서'의 제2단계 후속 간행물에 해당한다.

　제9권인 『남방감각(南方感覺)』(정병호 역)은 당시 인도네시아를 중심으로 하여 남양지역에 풍부한 견식을 가지고 있었던 데라시타 무네타카(寺下宗孝)가 1941년에 간행한 저서이다. 이 책은 일본 내에서 남양 열기가 고조되고 일본이 본격적으로 이 지역의 세력확대를 도모하던 시기에 주로 현재의 말레이시아와 인도네시아 지역을 중심으로 이 지역에 대한 근본적이고 항구적인 남방정책과 남방 민족의 심리를 파악하고자 하였다. 그래서 동남아시아 지역에 대한 일본의 남방정책, 말레이반도와 인도네시아 지역에 대한 서양의 지배와 개발의 역사, 무역과 경제 상황, 무역·산업·재정, 그리고 자연 지리적 환경 등을 상세하게 소개하고 있다. 그런데 이 책의 가장 큰 특징은 남방에 대한 근본적이고 항구적인 정책을 수립하기 위해서는 남방 민족의 심리와 정신생활, 풍속 습관에 대한 지식과 이해가 필요하다고 하는 주장이다. 저자는 이를 위해서, 남방민족의 인종적 분포와 그 역사, 남방 민족의 종교 생활, 그리고 이 지역에서 전승되는 노래와 신화·전설과 관련하여 상당한 지면을 들여 상세하게 소개하고 있다. 그러나 이 책의 주요한 관심은 당시 세계정세의 급격한 변화와 더불어 일본이 동남아시아 지역을 중심으로 이른바 '대동아공영권' 건설을 어떻게 달성할지에 그 중심이 놓여 있다고 할 수 있다.

제10권인『남방발전사(南方發展史)』(송완범 역)는 '남양(南洋)'으로의 침략을 꾀했던 제국 일본의 남양 정책을 뒷받침했던 글을 쓴 게무야마 센타로(煙山專太郎)가 1941년 3월에 日本放送出版部에서 출판한 저서이다. 게무야마는 도쿄제국대학을 졸업하고 와세다대학에서 메이지부터 쇼와에 걸쳐 교편을 잡았던 서양사 전공의 학자이자 정치학자이다. 이 책은 역사학자인 게무야마답게 지구상의 남과 북에 펼쳐진 여러 세력의 성쇠를 다룬 역사론 5편을 싣고 있다. 제1편은 1932년 11월의 강연이며, 제2편은 1934년 10월에 발표한 것이다. 그 외 세 편은 당시의 라디오 방송에 사용한 원고들로 제3편은 1939년 6월에, 제4편은 1940년 4월에, 마지막 제5편은 1941년 1월에 도쿄에서 발신했다. 이 중 마지막 방송의 제목을 따서 책명으로 삼은 것이다. 동남아시아 전공의 권위자 야노 도오루(矢野暢)에 의해 이른바 '난신야(南進屋)'라고 불린 게무야마의 저작은 1930, 40년대 당시의 제국 일본의 남양 인식을 대변한다. 그것이 잘 나타나는 것이 제2편「일본의 남진정책」에 실린 '왜구(倭寇)'의 활동을 평가하고 "왜구의 특징인 '해양

본능'을 위축시키지 않았다면, 유럽 세력이 동남아시아에 이르기 전
에 '모험심 강한 일본인'이 분명히 남쪽 섬들을 손에 넣었을 것이다.
(중략) 만약 에도(江戶) 막부가 도요토미 히데요시(豊臣秀吉) 정도의 배
짱과 결단력을 지니고 있었다면 타이완을 일찍부터 손에 넣을 수 있
었을 것"이라는 주장에서 잘 나타난다. 이러한 '남진론'은 소위 '대동
아공영'이라는 침략사상을 여과 없이 분출하고 있는 것으로 현재의
동남아지역을 일본을 위한 침략의 도구로 밖에 생각하고 있지 않았음
을 명확히 보여준다.

　제11권인 『하와이 이야기(布哇物語)』(김효순 역)는 나카지마 나오토
(中島直人)가 1936년 간행한 저서이다. 주지하는 바와 같이 일본인들이
하와이에 이주를 하기 시작한 것은 1860년대로, 하와이 왕국의 중추적
인 산업으로 성장한 제당산업의 일손을 메우기 위해 시작된 노동 이민
은 정주 시대(1908~1924)를 거쳐 오늘날 120만여 명에 달한다. 이렇게
관제이민 내지는 플랜테이션 노동자로서 외지 돈벌이를 목적으로 이
민을 간 일본인들은 현지에 정착하며 자신들의 문화를 발생시키고
일본어로 신문잡지를 간행한다. 초기에는 내지 작가의 전재(轉載)가
주를 이루었고 차차 내지와 하와이를 왕래하는 일시 거주 작가가 나오
게 되었으며, 이들이 어느 정도 정착하여 2세가 나오는 1910년 전후부
터는 하와이 고유 작가가 나오기도 한다. 나카지마 나오토는 하와이이
민 2세 작가로, 본서는 그의 단편 「하와이 역(ハワイ驛)」, 「하와이의
두 소년과 캠프(ハワイの二少年とキヤンプ)」, 「미스 호카노의 회초리(ミ
ス・ホカノの鞭)」, 「사탕수수밭 화재(キビ火事)」, 「물소(すゐぎゆう)」, 「후
추(胡椒)」, 「숲의 학교(森の學校)」, 「캠프의 환상(キヤンプの幻想)」, 「카

나카(カナカ)」, 「하와이 태생의 감정(布哇生れの感情)」 10편을 모아 출판한 책이다. 이들 작품에는 하와이 2세 고유 작가로서, 나카지마 나오토의 중국인, 하와이 원주민 등에 대한 대타적 자아 인식이나 국가와 민족에 대한 개념, 낯선 자연과 이민 2세로서의 일상생활의 애환 등이 하와이 고유의 일본어로 잘 그려져 있다.

제12권인 『자바 사라사(ジャワ更紗)』(엄인경 역)는 태평양 전쟁 때 징용되어 군대와 함께 인도네시아 자바로 향한 다케다 린타로(武田麟太郎)가 자바섬에서 육군 보도 반원으로서 겪거나 느낀 일에 관하여 기록한 내용을 모은 것이다. 프롤레타리아 작가로 출발하여 서민적 풍속소설로 인기와 명성을 구가하던 다케다는 1942년 봄 육군과 함께 자바에 상륙하였고, 1942년부터 1944년에 이르기까지 『도쿄아사히신문』이나 『신 자바』 등 일본과 인도네시아의 여러 신문·잡지 매체에 자바 관련의 다양한 글을 기고했다. 스스로 징용 기간을 연장하며 1943년까지 자바에 머무르던 그는 일본으로 귀국한 후 1944년 말 단행본 『자바 사라사』를 간행하였으며, 현재도 인도네시아 최고 특산물인 자바 사라사를 제목으로 삼은 이 책은 단연 그의 인도네시아 담론의 핵심을 담고 있다. 본서를 통해 전의를 고양시키고 전황 정보를 제공하는 것뿐 아니라 원주민들과 교류하며 문화를 시찰하고 문화 공작을 실시하는 등 전쟁 수행의 일익을 담당하면서도, 인도네시아의 독립을 응원하고 인도네시아 문학자들과 교류하며 현지인들과 그 문화에 남다른 애착을 지녔던 다케다 린타로의 복잡다단한 내면과 징용 작가의 현실을 들여다볼 수 있을 것이다.

제13권인 『해협천지회(海峽天地會)』(유재진 역)는 오구리 무시타로

(小栗蟲太郞)가 일본이 진출한 영국령 말라야를 배경으로 쓴 탐정소설이다. 오구리 무시타로는 일본의 추리소설 작가이자 비경(祕境)탐험소설 작가로서 본명은 오구리 에이지로(小栗榮次郞)이다. 오구리 무시타로는 한자어에 가타카나 독음을 붙어 여러 의미로 해석이 가능한 표현 방식과 서양의 철학과 예술 지식을 과할 정도로 과시하는 극단적인 현학취미를 보여주는 작품 스타일로 현학취미의 결정체가 일본 3대 기서(奇書) 중 하나인『흑사관살인사건(黑死館殺人事件)』(1934)의 작가로도 유명하다. 해외여행은 물론이고 관동평야(關東平野) 밖을 나간 적이 없을 정도로 방구석에서 동서양의 서적만 읽고 창작하던 오구리 무시타로는 1941년 육군보도반원으로 영국령의 말라야로 파견을 갔다 이듬 해말에 귀국하였다. 이때의 영국령 말라야를 배경으로 직필한 탐정소설이『해협천지회(海峽天地會)』이고 말라야의 비밀결사를 테마로 한 소설이다. 일본군이 진출한 동남아시아는 단일민족국가인 한국과 달리 여러 인종이 존재하는 국가들로 종주국과 식민지라는 일대일의 대칭관계와 다른 구조를 보인다. 이러한 비대칭관계는 이 책『해협천지회』에서도 일본군은 영국령 말라야에서 경제적 패권을 쥐고 항일운동을 이어가는 중국인 화교를 숙청하고 말레이인이나 인도인을 우대하는 방향을 취하는 식으로 엿볼 수 있다.

　제14권인『남방제지역용 일본문법교본(日本文法敎本)』(채성식 역)은 1943년에 일본어교육진흥회(日本語敎育振興會)에서 간행한 일본어 문법서로 2021년에 〈일본동남아시아 학술총서〉에서 간행한『남방제지역용 일본문법교본 학습지도서(南洋諸地域用日本文法敎本學習指導書)』의 모체가 되는 책이다. 언어 유형론적으로 일본어와 큰 차이를 보이는 언어체계를 가진 남방지역 언어 모어화자를 대상으로 생경한 일본어, 특히 일본어의 문법적 사항에 대해 어떠한 교육이 이루어졌는지를 본서를 통해 엿볼 수 있다.

이들 번역서는 당시의 남양·남방, 즉 지금의 동남아시아 지역의 역사, 문화, 생활, 풍토, 언어교육, 그리고 이들에 대한 일본의 전반적인 인식 등을 일본인의 시각에서 어떻게 담아내고 있는지를 잘 보여주고 있다. 따라서 본 '일본동남아시아 학술총서'는 근대기 이후 일본이 동남아시아에 어떠한 영향력을 끼쳐 왔으며 이 과정에서 일본이 축적한 다양한 지견과 연구성과를 올바르게 파악하는 데 도움이 될 것이며, 나아가 다양한 분야에서 동남아시아 관련 후속 연구의 기초자료로 활용될 수 있을 것이다.

마지막으로 본 총서의 간행을 흔쾌히 맡아주신 도서출판 보고사의 김흥국 사장님과 세심한 부분까지 꼼꼼하게 편집을 해주신 박현정 편집장님을 비롯한 편집팀 여러분께 감사의 마음을 전하고자 한다.

2022년 12월
고려대 글로벌일본연구원
〈일본동남아시아 학술총서〉 간행위원회

서설(序說)

본서는 일본어를 모국어로 하지 않는 자로 일본어를 일정 정도 말할 수 있는 자를 대상으로 편찬하였습니다.

본서는 일본어의 주요한 문법적 사실에 대해 적확한 지식을 습득시키고 실제로 일본어를 이해하고 운용하는 능력을 기르려는 목적으로 편찬하였습니다.

본서에서 다루고 있는 내용은 구어 전반에 걸친 내용이지만 구어와 문어 사이에 차이가 있는 경우는 해당사항마다 이에 대해 명기하였습니다.

본서에서 다루고 있는 예 중에서 발음이 헷갈리기 쉬운 단어에는 가타가나를 발음부호로 하여 정확한 발음을 표시하였습니다.

본서는 수업시수 매주 1시간 한 학년 동안 교수할 수 있도록 편찬하였습니다. 수업시수에 증감이 있는 경우는 교수자가 상황에 맞춰 수정해가면서 사용해주시기를 바랍니다.

본서의 용법에 대해서는 「남방제지역용 일본문법교본학습지도서(南方諸地域用 日本文法敎本學習指導書)」에 상세하게 설명해두었습니다. 교수자는 이 지도서를 근거로 본서 편찬의 취지를 잘 이해하여 지도에 부족함이 없기를 바랍니다.

목차

일본어의 문(文)

01

花が 咲く。
주어　술어

鳥が 鳴く。

飛行機が 飛びます。

水が 流れます。

위와 같이 일본어의 보통 형태의 문(文)에서는 주어(主語)가 술어(述語) 앞에 옵니다.

02

太郎が 本を 讀む。
주어　　객어(客語) 술어

牛は 草を 食べます。

親牛が 子牛に お乳を 飲ませてゐます。

<u>先生が</u> 繪を 私に <u>下さいました</u>。

위와 같이 일본어의 보통 형태의 문에서는 객어(客語)는 술어 앞에 옵니다.

03

<u>美しい</u> 花が 咲きました。
수식어(修飾語)

これは <u>鳥の</u> 羽です。

みんなが <u>いっしゃうけんめいに</u> 働く。

花が <u>大變</u> きれいです。

위의 예로 알 수 있는 바와 같이 보토의 경우에는 수식어는 수식되는 어의 앞에 옵니다.

04

일본어의 문을 문자로 써서 나타내기 위해서는 다음의 예와 같이 문이 끊기는 곳에는 '。'를 붙이고, 문 안에서 작게 끊기는 곳이나 헷갈리는 부분에는 '、'를 붙입니다. 또한 인용한 문이나 특히 주의를 요하는 단어의 전후에는 '「　」'를 붙이는 것이 보통입니다.

‘。’를 마루(まる), ‘、’를 텐(てん)이라고 말하며, ‘「　」’를 카기(かぎ)라고 합니다.

兄さんは、にこにこしながら座敷へあがって、お父さんにごあいさつをしました。うらの庭に居たお母さんもかけて來て、頭から手ぬぐひを取りながら、「よく歸ってきましたね。」とうれしさうにおっしゃいました。兄さんは、前よりもずっと色が黑くなって、強そうに見えました。

제2장
명사(名詞)

05

일본어의 단어('어(語)'라고도 함)는 명사(名詞), 수사(數詞), 대명사(代名詞), 동사(動詞), 형용사(形容詞), 부사(副司), 접속사(接續詞), 감동사(感動詞), 조동사(助動詞), 조사(助詞)의 10종류로 나뉩니다.

06

日本 東京 太郎 野口英雄

犬 繪 海

家族 國民 軍隊

パン 牛乳 油 水

いのち 思想 用事

위와 같이 지명·인명이나 사물의 이름을 나타내는 어를 「명사(名詞)」라고 합니다.

07

太郎が 繪を 書きました。
あそこに 犬が ゐます。
軍隊が 通ります。
油が 燃えて ゐます。
用事は すみました。

이와 같이 「太郎, 軍隊, 油, 用事」처럼 모든 명사는 주어가 될 수 있습니다. 이 경우 뒤에 「が」「は」 등의 어가 붙는 것이 일반적입니다.

▌주의 1
정중하게 말하기 위해서는 다음과 같이 명사 앞에 「お」를 붙여 말하는 경우가 있습니다.

お茶 お菓子 お食事 お書 おしまひ お隣

또한 존경이나 친애(親愛)의 의미를 나타내기 위해 인명 뒤에 「さま, さん, 君(くん)」 등을 붙여 말하기도 합니다.

小林さま 花子さん 山田君

▌주의 2

명사 중에는 복수(複數)를 나타내는 형태가 있습니다. 예를 들어 「先生がた」「子供たち」는 「先生」「子供」의 복수를 나타내는 형태입니다. 하지만 다음의 예와 같이 다른 단어와의 관계성의 측면에서는 「先生」와 「先生がた」, 「子供」와 「子供たち」 사이에 특별한 차이점은 없습니다.

中學校の 先生が お出でに なりました。
中學校の 先生がたが お出でに なりました。
あの 子供は 何を して ゐますか。
あの 子供たちは 何を して ゐますか。

▌주의 3

명사 자체는 격(格, Case)을 나타내지 않습니다. 격을 나타내기 위해서는 예를 들어,

太郎が 次郎の 家へ 行きました。
中村さんが 太郎に 本を やりました。

처럼 명사 뒤에 「が, の, へ, に, を」 등을 붙이는 것이 일반적입니다.

▌주의 4

명사에는 「父, 母」「兄, 姉」「雄牛, 雌牛」와 같이 자연의 성(性)을 구별

하는 어가 있으나, 다음의 예와 같이 다른 단어와 접속한다는 점에서
차이점은 없습니다. 다시 말해 일본어 명사에는 문법상의 성(Gender)
의 개념은 존재하지 않습니다.

私の 兄は 大阪に 住んで ゐます。
私の 姉は 大阪に 住んで ゐます。

▎주의 5

일본어는 관사(冠詞, Article)가 존재하지 않습니다.

제3장
수사(數詞)

08

茶碗が <u>一つ</u> こはれました。
私は コーヒーを <u>二杯</u> 飲みました。
第一回の 競爭に 中村は <u>二等</u>に なりました。

위의 「一つ」는 茶碗의 수를 나타내며 「二杯」는 コーヒー의 양을
나타냅니다. 또한 「第一回」「二等」는 순서·등급을 나타내고 있습니
다. 이처럼 수량을 나타내는 어나, 수에 의해 순서·등급을 나타내는
어를 「수사(數詞)」라고 합니다.

09

수를 셀 때 사용되는 대표적인 어는 다음과 같습니다.

(い)
ひとつ　ふたつ　みって　よって　いつつ　むっつ　ななつ　やっつ

ここのつ　とを

(ろ)

一 二 三 四 五 六 七 八 九 十

十一(10+1) 十二 十三 … 十八 十九

二十(2×10) 二十一(20+1) 二十二 … 二十八 二十九 三十(3×10) 三十一 三十二

四十 五十 … 八十 九十一 … 九十九

百(100) 百一(100+1) 百九十九

二百(2×100) 二百一 二百九十九

三百 四百 八百 九百 九百九十九

千(1000) 千百五十(1000+150) 千二百五 二千 三千 八千 九千 九千九百九十九

一萬(10000) 一萬千三百二十五(10000+1325) 二萬 三萬 十一萬 百萬 九千九百九十九萬九千九百九十九

一億 二億 十億 百億 二百億

10까지는 위의 (い)에 따라, 11 이상은 위의 (ろ)에 따르는 것이 일반적입니다.

10

子供が 三人 遊んで ゐます。　子供を 三人 つれて 來ました。

本が <u>三册</u> あります。　　　本を <u>三册</u> 買ひました。
馬車が <u>三臺</u> 行きます。　　　馬車を <u>三臺</u> 持って ゐます。

　동일한 3이라는 숫자를 나타낼 때도 위의 예와 같이 人는「三人」,
本은「三册」, 馬車는「三臺」라고 합니다. 이처럼 수를 세는 사물에
따라 특별한 수사를 사용하는 경우가 있습니다.
　이 외에도 일반적으로 사용되는 특별한 수사는 다음과 같습니다.

一年 二ヶ月 三日 四時間 五分 六秒 (이상, 시간)
一メ一トル 二粁 一理 二町 三間 四尺 五寸 六分 (이상, 길이)
1圓 二十錢 (이상, 금액)
一匹 (곤충 종류)
二羽 (새)
三册 (책, 잡지, 장부 종류)
四本 (연필, 만년필, 권련 종류)
枚 (종이, 밑에 까는 것 종류)
七軒 (집)

11

순서·등급을 나타내는 수사는 [8]에서 제시한 것 외에 다음과 같은
어가 있습니다.

第一　　第二　　第十三

第一號　第二號　一號　　二號

第一番　第二番　一番　　二番

第一級　第二級　一級　　二級

二つめ　三つめ

연습 1

・다음의 수를 읽어 보시오.

25 89 148 718 806 910 1128 1269 1808 4987 7023 9602

12345 16853 53902 70017 358962 4736851 38614579

・다음의 문의 밑줄 부분을 적당한 수사로 고치시오.

(1)　あそこに犬が<u>一つ</u>ゐます

(2)　私は雜誌を<u>二つ</u>買ひました。

(3)　庭に鷄が<u>三つ</u>ゐます。

(4)　どなたか万年筆を<u>二つ</u>持ってゐませんか。持ってゐたら私に<u>一つ</u>貸して下さい。

(5)　山の下に、小さい家が<u>十</u>ばかりあります。

(6)　うちでは兎を<u>五つ</u>飼ってゐます。<u>二つ</u>はをすで、<u>三つ</u>はめすです。

(7)　自動車が<u>八つ</u>續いて通りました。

제4장

대명사(代名詞)

12

あなたは 中村さんですか。

これは なかむらさんの 鉛筆です。

あそこに 中村さんが ゐます。

船は どちらへ 行きましたか。

위의 「あなた」는 상대방을 가리키며 「これ」는 연필을 가리킵니다. 또한 「あそこ」는 장소를, 「どちら」는 방향을 가리킵니다. 이처럼 사람·사물·장소와 방향의 이름을 말하지 않고 이들을 가리켜서 말하는 어를 「대명사(代名詞)」라고 합니다.

대명사의 용법은 명사와 거의 동일합니다.

13

일반적으로 사용하는 대명사는 다음과 같습니다.

	제1인칭	제2인칭	제3인칭			
사람	わたくし わたし 僕	あなた おまへ 君	このかた (このひと)	そのかた (そのひと)	あのかた (あのひと)	どなた どのかた だれ
		사물	これ	それ	あれ	どれ なに
		장소	ここ	そこ	あそこ	どこ
		방향	こちら こっち	そちら そっち	あちら あっち	どちら どっち

▌주의 1

사람 대명사에는 복수(複數)를 나타내는 형태가 있습니다.

> 제1인칭   わたくしども わたくしたち わたしども わたしたち 僕た
> ち 僕ら
> 제2인칭   あなたがた おまへたち おまへら 君たち 君ら
> 제3인칭   このかたがた そのかたがた あのかたがた どのかたがた

하지만 아래의 예와 같이 다른 어와의 관계성에 있어서는 별다른
차이점이 없습니다.

> これは <u>あなた</u>の 帽子ですか。
> これは <u>あなたがた</u>の 帽子ですか。

本を 讀んだのは わたしです。
本を 讀んだのは わたしたちです。

┃주의 2

대명사 자체는 격을 나타낼 수 없으며 대명사에 문법상의 성(性)이
존재하지 않는다는 것 등은 명사와 같습니다.

제5장

동사(動詞)

제1절 활용(活用)

14

小鳥が 鳴く。
ときどき 雨が 降る。

　위의 「鳴く」「降る」는 작은 새와 비가 '어떻게(무엇을) 하고 있는가'
에 대해 서술하고 있습니다. 이러한 「鳴く」와 「降る」처럼 사물의 동
작·작용을 서술하는 어를 「동사(動詞)」라고 합니다. 동사는 「鳴く」
「降る」의 「く」「る」처럼 모두 ウ단음(ウ段音)으로 끝납니다.

　다음의 어는 모두 동사입니다.

書く　脱ぐ　話す　立つ　買ふ　飛ぶ　休む
着る　見る　投げる　食べる　植ゑる　來る　爲る

또한 다음의 문의 「ゐる」「ある」도 동사입니다.

子供たちは 庭に ゐる。
學校は 街の 東に ある。

15

この 鳥は 鳴かない。(鳴く、ない)
まだ 雨が 降らない。(降る、ない)

동사를 부정(打消)의 형태로 만들려면 뒤에 「ない」라는 어를 붙입니다.

동사 「鳴く」「降る」에 「ない」를 붙이면 위의 「鳴かない」「降らない」처럼 「鳴く」「降る」가 「鳴か」「降ら」가 됩니다. 추가로 아래에 몇 가지 예를 들겠습니다.

行く、ない ー 行かない。　　脱ぐ、ない ー 脱がない。
話す、ない ー 話さない。　　使ふ、ない ー 使はない。
飛ぶ、ない ー 飛ばない。　　休む、ない ー 休まない。
賣る、ない ー 賣らない。　　立つ、ない ー 立たない。

---------- 연습 2 ----------

• 다음의 동사를 부정형으로 만드시오.

書く　咲く　漕ぐ　押す　出す　勝つ

習ふ　言ふ　並ぶ　運ぶ　進む　飲む

乘る　切る　待つ　笑ふ　眠る

16

この 鳥は 鳴きます。(鳴く、ます)

ときどき 雨が 降ります。(降る、ます)

동사에 정중한 의미를 덧붙이기 위해서는 뒤에「ます」를 붙입니다. 동사「鳴く」「降る」에「ます」를 붙이면 위의「鳴きます」「降ります」처럼「鳴く」「降る」가「鳴き」「降り」가 됩니다. 추가로 아래에 몇 가지 예를 들겠습니다.

行く、ます － 行きます。　脱ぐ、ます － 脱ぎます。

話す、ます － 話します。　使ふ、ます － 使ひます。

飛ぶ、ます － 飛びます。　休む、ます － 休みます。

賣る、ます － 賣ります。　立つ、ます － 立ちます。

▌주의

담화(談話)에서는 동사에 「ます」를 붙인 「鳴きます」 「降ります」와 같
은 정중한 형태를 사용하는 것이 일반적입니다.

--- **연습 3** ---

• 연습2에서 다룬 동사에 「ます」를 붙이시오.

17

小鳥が 鳴く。
ときどき 雨が 降る。

위와 같이 「鳴く」 「降る」는 그대로의 형태로 문말(文末)에 사용할
수 있습니다.

이 경우 동사는 ウ단음으로 끝납니다.([14] 참조)

───── 연습 4 ─────

• 다음의 동사를 문말(文末)에 사용하여 짧은 문장을 만드시오.

吹く　飛ぶ　乘る　讀む　出す

習ふ　走る　泳ぐ　待つ　洗ふ

18

この 鳥が 鳴けば、ほかの 鳥も 鳴きませう。(鳴く、ば)

午後 雨が 降れば、私は うちに ゐます。(降る、ば)

동사를 조건(條件)을 나타내는 데 사용하기 위해서는 여기에 「ば」
라는 어를 붙이는 경우가 있습니다. 동사「鳴く」「降る」에 「ば」를 붙
이면 위의 「鳴けば」「降れば」처럼 「鳴く」「降る」가 「鳴け」「降れ」가
됩니다. 추가적으로 다음의 예를 보세요.

行く、ば ― 行けば　脱ぐ、ば ― 脱げば

話す、ば ― 話せば　使ふ、ば ― 使へば

飛ぶ、ば ― 飛べば　休む、ば ― 休めば

賣る、ば ― 賣れば　立つ、ば ― 立てば

연습 5

• 연습 2의 동사에 「ば」를 붙여 보시오.

19

이상과 같이 「鳴く」「降る」는 용법에 따라 각각 「鳴き, 鳴く, 鳴け」「降ら, 降り, 降る, 降れ」가 됩니다. 이처럼 동사의 형태가 바뀌는 것을 「활용 (活用)」이라고 하며, 각각의 형태를 「활용형(活用形)」이라고 합니다.

동사의 활용형 중 「鳴か」「降ら」처럼 「ない」가 붙는 형태를 「제1형 (第一形)」, 「鳴き」「降り」처럼 「ます」가 붙는 형태를 「제2형(第二形)」, 「鳴く」「降る」처럼 문말에 사용하는 형태를 「제3형(第三形)」이라 하며, 마지막으로 「鳴け」「降れ」와 같이 「ば」가 붙는 형태를 「제4형(第四形)」 이라고 합니다.

▌주의 1

제3형은 각각의 동사를 대표하는 형태입니다. 따라서 모든 사전은 이 형태의 동사를 표제어(表題語)로 삼고 있습니다.

▌주의 2

동사의 활용을 상세히 알기 위해서는 우선 음도표(音圖表)를 잘 알아

두지 않으면 안 됩니다. 이에 이하와 같이 기술해둡니다.

ア行	カ行	サ行	タ行	ナ行	ハ行	マ行	ラ行	ワ行	
あ	か	さ	た	な	は	ま	ら	わ	ア段
い	き	し	ち	に	ひ	み	り	ゐ	イ段
う	く	す	つ	ぬ	ふ	む	る	う	ウ段
え	け	せ	て	ね	へ	め	れ	ゑ	エ段
お	こ	そ	と	の	ほ	も	ろ	を	オ段

ガ行	ザ行	ダ行			バ行	パ行	
が	ざ	だ			ば	ぱ	ア段
ぎ	じ	ぢ			び	ぴ	イ段
ぐ	ず	づ			ぶ	ぷ	ウ段
げ	ぜ	で			べ	ぺ	エ段
ご	ぞ	ど			ぼ	ぽ	オ段

음도표의 세로의 각 열(列)을 「행(行)」이라고 하며(ア행, カ행 등), 가

로의 각 열을 「단(段)」이라고 합니다(ア단, イ단 등).

20

동사 「鳴く」「降る」는 앞서 [15]에서 기술한 바와 같이 「ない」가 붙으

면 「鳴かない」「降らない」가 됩니다. 이 때 「か」「ら」는 ア단음입니다.

이와 같이 「ない」가 붙으면 어말(語末)이 ア단음이 되는 동사의 활용

을 「4단 활용(四段活用)」이라고 합니다.

4단 활용은,

제1형	제2형	제3형	제4형
鳴か　ない	鳴き　ます	鳴く	鳴け　ば
鳴ら	降り	降る	降れ

의 「か, き, く, け」「ら, り, る, れ」처럼 어말이 「ア, イ, ウ, エ, オ」의
4단의 음으로 바뀝니다.

다음의 동사는 모두 4단 활용입니다.

脱ぐ(脱が 脱ぎ 脱ぐ 脱げ)

話す(話さ 話し 話す 話せ)

立つ(立た 立ち 立つ 立て)

買ふ(買は 買ひ 買ふ 買へ)

飛ぶ(飛ば 飛び 飛ぶ 飛べ)

飲む(飲ま 飲み 飲む 飲め)

乗る(乗ら 乗り 乗る 乗れ)

┃주의 1

위의 「買ふ」처럼 어말이 「は, ひ, ふ, へ」가 되는 동사는 다음의 「　」
안과 같이 각각 「ワ, イ, ウ, エ」로 발음됩니다.

買は「カワ」ない。　　買ひ「カイ」ます。
本を買ふ「カウ」。　　本を買へ「カエ」ば。

───── **연습 6** ─────

• 다음의 동사의 4가지 형태를 들어보시오.

書く　騒ぐ　喜ぶ　歸る　行く　打つ
言ふ　讀む　押す　笑ふ　泳ぐ　嚙む
吹く　漕ぐ　出す　勝つ　歌ふ　運ぶ
沈む　取る　賣る

21

동사 「起きる」「食べる」의 각 4가지 형태는 다음과 같습니다.

제1형　弟は まだ 起きない。(起きる、ない)
제2형　弟は 六時に 起きます。(起きる、ます)

제3형　私は 五時に 起きる。

제4형　弟が 起きれば 妹も 起きるでせう。(起きる、ば)

제1형　弟は まだ 夕飯を 食べない。(食べる、ない)

제2형　私は 七時に 夕飯を 食べます。(食べる、ます)

제3형　私たちは 六時に 朝飯を 食べる。

제4형　あなたが 食べれば 私も 食べませう。(食べる、ば)

위의 예로 알 수 있는 바와 같이 동사 「起きる」「食べる」는 「ない」를 붙이면 「起き」「食べ」가 됩니다. 이 때 「き」「べ」는 イ단음·エ단음입니다. 이처럼 「ない」가 붙으면 어말이 イ단음·エ단음이 되는 동사의 활용을 「1단 활용(一段活用)」이라고 합니다.

1단 활용은,

제1형	제2형	제3형	제4형
起き　ない	起き ます	鳴く	鳴け　ば
食べ	食べ	食べる	食べれ

처럼 각각 제1형과 제2형이 같은 형태이며 제3형은 여기에 「る」, 제4형은 「れ」가 붙은 것입니다.

다음의 동사도 1단 활용입니다.

落_おちる(落ち　落ち　落ちる　落ちれ)

閉_とぢる(閉ぢ　閉ぢ　閉ぢる　閉ぢれ)

見_みる(見　見　見る　見れ)

燃_もえる(燃え　燃え　燃える　燃えれ)

教_{おし}へる(教へ　教へ　教へる　教へれ)

出_でる(出　出　出る　出れ)

22

1단 활용 중 「起きる, 落ちる, 閉ぢる, 見る」의 제1형은 「起き, 落ち, 閉ぢ, 見」로 イ단음으로 끝나고 「食べる, 燃える, 教へる, 出る」의 제1형은 「食べ, 燃え, 教へ, 出」로 エ단음으로 끝납니다.

　「起きる」등과 같이 제1형이 イ단음으로 끝나는 활용을 「상1단 활용(上一段活用)」이라고 하며, 「食べる」등과 같이 제1형이 エ단음으로 끝나는 활용을 「하1단 활용(下一段活用)」이라고 하여 서로를 구별합니다.

─────── 연습 7 ───────

· 다음의 동사의 4가지 형태를 드시오.

下りる　　着る　　　逃げる　　並べる　　撫でる

数へる　　忘れる　　生きる　　居る　　　別れる　　寝る　　始める

立てる　　煮る　　　用ひる　　比べる　　すぎる

23

동사 「來る」「爲る」의 각 4가지 형태는 다음과 같습니다.

제1형　友達は まだ こない。(くる、ない)

제2형　田中さんは 毎日 こゝに きます。(くる、ます)

제3형　私の 弟も 毎日 こゝに くる。

제4형　弟が くれば、私は 歸りませう。(くる、ば)

제1형　今日は まだ 掃除を しない。(する、ない)

제2형　妹は 毎日 掃除を します。(する、ます)

제3형　妹も ときどき 掃除を する。

제4형　妹が 掃除を すれば 妹が 喜ぶでせう。(する、ば)

위와 같은 활용을 「변격활용(變格活用)」이라고 합니다. 즉 이는,

제1형	제2형	제3형	제4형
こ ない	き ます	くる	くれ ば
し	し	する	すれ

와 같이 くる의 제1·제2형은 「こ」「き」이며 제3·4형은 「く」에 「る」「れ」가 붙은 것인데 비해, する의 경우는 제1·제2형은 「し」이며 제3·4형은 「す」에 「る」「れ」가 붙은 것이다. 전자(前者)를 「カ행 변격 활용(カ行變格活用, 약칭 カ변)」이라고 하며, 후자(後者)를 「サ행 변격활용(サ行變革活用, 약칭 サ변)」이라고 하여 구별합니다.

カ변하는 동사는 「來る」, サ변하는 동사는 「爲る」뿐이지만, 「爲る」는 다른 어와 결합하여 하나의 동사를 만들 수 있다. 이 경우 サ행음으로 바뀌는 것이 있습니다.

散歩する	勉強する	運動する	
察する	接する	略する	
信ずる	感ずる	命ずる	應ずる

24

지금까지 설명한 동사의 종류를 간단히 제시하면 다음과 같습니다.

　　4단 활용　　　　　　　　ア・イ・ウ・エ・オ로 활용한다.

　　1단 활용　상1단활용　　イ・イル・イレ로 활용한다.
　　　　　　　하1단활용　　エ・エル・エレ로 활용한다.

　　변격활용　カ행 변격활용　コ・キ・クル・クレ로 활용한다.
　　　　　　　サ행 변격활용　シ・スル・スレ로 활용한다.

25

(い)
私は 七時に 夕飯を 食べる。
私も 毎朝 新聞を 讀む。

(ろ)
私は 六時に 起きる。
小鳥が 鳴く。

상기(上記) (い)의 동사「食べる」「讀む」는「夕飯」「新聞」처럼 반드시 그 동작의 대상을 가리키는 어가 필요합니다. 이러한 동사를「타

동사(他動詞)라고 합니다. 동사의 대상을 가리키는 어에는 위의 「夕
飯を」「新聞を」와 같이 「を」라는 어를 붙이는 것이 일반적입니다.

　다음으로 위의 (ろ)의 예에서 「起きる」「鳴く」처럼 동작의 대상을
가리키는 어를 필요로 하지 않는 동사를 「자동사(自動詞)」라고 합니다.

　이하의 동사(○표시)는 모두 타동사입니다.

　窓を しめる。
　帽子を かぶる。
　着物を きる。
　畑に 野菜の 種子を 蒔く。
　荷物を 車に 載せる。
　面白い 話を 聞く。
　友達に 電話を かける。

　한편 다음의 동사(○표시)는 모두 자동사입니다.

　六時に 日が 出る。
　ときどき 雨が 降る。
　兄の 歸るのは 七時頃です。
　毎日 飛行機が 飛ぶ。
　庭に 池が ある。
　田中は 運動場に ゐる。

────── 연습 8 ──────

• 다음 동사의 활용의 종류를 말해보시오.

燒く   急ぐ   カス   負ける   流れる

光る   吸ふ   出る   考へる   浴びる

汲む   禁ずる   刺す   殖える   見せる

來る   借りる   積む   死ぬ   旅行する

流す   踊る   思ふ   愛する   答へる   聞く

제2절 각 활용형의 주요 용법

26

동사의 개개의 형태에는 각각의 용법이 있습니다.

여기서는 그 주요 용법에 대해 설명하도록 하겠습니다.

27 제1형

제1형은 앞서 설명한 대로([15][19]참조)「ない」를 붙여서 부정(打消)으로 만드는 것 외에 다음과 같은 용법이 있습니다.

（私も）新聞を 讀まう。「ヨモオ」(4단)

（私も）明日から 早く 起きよう。「オキヨオ」(상1단)

（私は）菓子を 食べよう。「タベヨオ」(하1단)

（私は）明日も こゝへ こよう。「コヨオ」(カ변)

（私も）散歩を しよう。「シヨオ」(サ변)

위의 「讀もう」「起きよう」「食べよう」「しよう」처럼 제1형에는 「う」 「よう」가 붙어서 화자(話者)의 의지(意志)를 나타냅니다.

「う」는 4단 활용에 붙고 「よう」는 그 외의 활용에 붙습니다.

▌주의 1

문어체로 표현할 때는 동사를 부정(打消)으로 만들기 위해 「ない」 대신에 「ぬ」를 사용하기도 합니다.

この 鳥は 鳴かぬ。(鳴かない)

弟は まだ 起きぬ。(起きない)

今日は 散歩を せぬ。(しない)

위의 마지막 예문과 같이 「しない」의 의미를 「ぬ」로 나타낼 때는 「し」가 「せ」로 바뀝니다.

▌주의 2

동사의 「ある」에는 조동사 「ない」도 「ぬ」도 붙지 않습니다. 「ある」의 부정(打消)은 아래와 같이 「ない」라는 어를 사용합니다.

> こゝには 何も <u>ない</u>。(「何も<u>あらない</u>」라고 하지 않으며 「足があら<u>ぬ</u>」라고도 하지 않습니다)
>
> 蛇には 足が <u>ない</u>。(「足が<u>あらない</u>」라고 하지 않으며 「足が<u>あらぬ</u>」라고도 하지 않습니다)

— 연습 9 —

• 다음의 동사에 「う」「よう」를 붙여 보시오.

行く 着る 見せる 出す 考へる 言ふ 脱ぐ 待つ 寝る
進む 別れる 勉強する 見る 植ゑる ゐる 運ぶ 休む

28

제2형은 앞서 설명한 대로([16][19] 참조) 정중한 의미를 더하기 위해 「ます」를 붙이는 것 외에도 다음과 같은 용법이 있습니다.

(い)

昨日 中村君に 本を 貸した。(4단)

私も 昨日は 五時に 起きた。(상1단)

今朝は 六時に 朝飯を 食べた。(하1단)

昨日 きたのは 中村君です。(カ변)

私は 今朝 散歩を した。(サ변)

위의 「貸した」「起きた」「食べた」「きた」「した」와 같이 제2형에는 「た」가 붙어 과거를 나타냅니다.

(ろ)

あの 本は 中村君に 貸して、こゝに ありません。(4단)

昨日も 五時に 起きて、本を 讀みました。(상1단)

今朝 六時に 朝飯を 食べて、七時に うちを 出ました。(하1단)

昨日も 中村君が こゝに きて、仕事を しました。(カ변)

昨晩は 散歩を して、それから 友達の うちへ 行きました。(サ변)

위의 「貸して」「起きて」「食べて」「きて」「して」처럼 말을 끝맺지 않고 뒤로 계속 이어서 말할 때는 제2형에 「て」를 붙입니다.

연습 10

• 다음의 동사에 「た」「て」를 붙여 보시오.

出す　着る　投げる　命ずる　撫でる

聞こえる　慣れる　減ずる　鳴らす　見る

始める　旅行する　負ける　達する　動かす

29

제2절에서 이미 설명한 바와 같이 「た」「て」는 동사의 제2형에 붙는 것이지만, 4단 활용을 하는 동사에 「た」「て」가 붙으면 다음과 같은 특별한 형태로 바뀝니다. 이를 「제5형(第五形)」이라고 합니다.

(い)

제3형이 「く」「ぐ」로 끝나는 동사는 제2형인 「き」「ぎ」가 「い」로 바뀝니다.

(鳴く) 鳴きた(て) ― 泣いた(て)

(咲く) 咲きた(て) ― 咲いた(て)

(泳ぐ) 泳ぎた(て) ― 泳いだ(て)

(脱ぐ) 脱ぎだ(て) ― 脱いだ(て)

이처럼 「ぎ」가 「い」가 되면 뒤의 「た」「て」는 「だ」「で」가 됩니다.

(ろ)

제3형이 「ぬ」「む」「ぶ」로 끝나는 동사는 제2형인 「に」「み」「び」가
「ん」으로 바뀝니다.

(死ぬ) 死にた(て) － 死んだ(で)
(讀む) 讀みた(て) － 讀んだ(で)
(飲む) 飲みた(て) － 飲んだ(で)
(飛ぶ) 飛びた(て) － 飛んだ(で)
(呼ぶ) 呼びた(て) － 呼んだ(で)

이처럼 이 경우 뒤의 「た」「て」는 「だ」「で」가 됩니다.

(は)

제3형이 「つ」「ふ」「る」로 끝나는 동사는 제2형인 「ち」「ひ」「り」가
촉음(促音)이 됩니다.

(立つ) 立ちた(て) － 立った(て)
(勝つ) 勝ちた(て) － 勝った(て)
(笑ふ) 笑ひた(て) － 笑った(て)
(歌ふ) 歌ひた(て) － 歌った(て)
(乘る) 乘りた(て) － 乘った(て)
(有る) 有りた(て) － 有った(て)

▎주의 1

「行く」는 제3형이 「く」로 끝나지만 「た」「て」가 붙으면 제2형인 「き」
가 촉음이 됩니다.

(行く) 行きた(て) ― 行った(て)

▎주의 2

4단 활용에서도 「貸す」「話す」「出す」 등과 같이 제3형이 「す」로 끝나
는 동사의 경우 「た」「て」에는 제2형이 붙습니다.

(貸す) 貸した(て)
(話す) 話した(て)
(出す) 出した(て)

연습 11

• 다음의 동사에 「た」「て」를 붙여 보시오.

書く   漕ぐ   持つ   買ふ   休む   鳴る

打つ   燒く   運ぶ   嚙む   折る   押す

洗ふ   騷ぐ   喜ぶ   光る   卷く   待つ

思ふ   消す   繫ぐ   踏む

┃주의3

「笑ふ」「歌ふ」「使ふ」 등과 같이 제3형이 「ふ」로 끝나는 동사에 「た」 「て」가 붙으면 제2형인 「ひ」가 「う」가 됩니다.

   (笑ふ)   笑<u>ひ</u>た(て) ― 笑<u>う</u>た(て)「ワロヲタ(テ)」

   (歌ふ)   歌<u>ひ</u>た(て) ― 歌<u>う</u>た(て)「ウトヲタ(テ)」

   (使ふ)   使<u>ひ</u>た(て) ― 使<u>う</u>た(て)「ツコヲタ(テ)」

30

제3형은 앞서 설명한 대로([17][19] 참조) 문말에 사용하는 것 외에 다음과 같은 용법이 있습니다.

   (い)

   <u>貸す</u> 本

   朝 <u>起きる</u> 時 (상1단)

   御飯を <u>食べる</u> へや (하1단)

   こゝへ <u>くる</u> 途中 (カ변)

   散歩を <u>する</u> 人 (サ변)

위와 예문과 같이 제3형은 명사 앞에 붙어서 이를 수식하는 경우에 사용합니다.

(ろ)

弟も 七時には 起きるだろう。「オキルダロウ」(상1단)

田中さんも 散歩を するでせう。「スルデショオ」(サ변)

私は 晝飯を 食べると、庭に 出ます。(하1단)

弟は 友達に 鉛筆は 貸すが、萬年筆は 貸しません。(4단)

ぢきに 田中が くるから、そこに 待って おいでなさい。(カ변)

위와 같이 제3형은 「だろう」「でせう」「と」「が」「から」 등을 붙여 사용합니다.

┃ 주의

상기의 예문에서 「だろう」와 「でせう」는 모두 추량(推量)의 의미를 나타내는 어이지만, 후자(後者)는 정중한 의미를 나타내므로 일상 대화에서 주로 사용합니다. ([65]의 (2)와 [66] 참조)

또한 「と」는 조건, 「が」는 전후 조응(前後照応)을 하지 않는 경우, 그리고 「から」는 이유·원인을 나타낼 때 사용합니다. ([97]의 (ほ), [70]의 (は), [71]의 (ろ) 참조)

31

제4형은 앞서 서술한,

鳴け<u>ば</u> (4단)   起きれ<u>ば</u> (상1단)

食べれ<u>ば</u> (하1단)   くれ<u>ば</u> (カ변)

すれ<u>ば</u> (カ변)

처럼 「ば」를 붙여 가정(仮定)에 사용합니다. ([18][19] 참조)

연습 12

• 다음의 동사에 적당한 명사와 「ば」를 붙여 보세요.

進む	別れる	勉強する	見る	言ふ
行く	着る	待つ	脱ぐ	禁ずる
出す	考へる	思ふ	見せる	歌ふ
飛ぶ	乗る	落ちる	休む	殖える
選ぶ	驚かす			

32

명령을 말하는 법.

もっと ゆっくり <u>讀め</u>。(讀む, 4단)

毎朝から もっと 早く <u>起きろ</u>。(起きる, 상1단)

窓を あけろ。(あける, 하1단)
こゝへ こい。(來る, カ변)
お前も 掃除を しろ。(する, サ변)

동사로 명령을 나타내기 위해서는 위와 같이 4단 활용은 제1형에
「ろ」를 붙이는 데 반해 カ변은 제1형에 「い」를 붙입니다. 단 이들은
정중한 의미를 나타낼 수 없어 담화에서는 다음과 같은 표현을 사용
하는 것이 일반적입니다.

もっと ゆっくり お讀みなさい。(讀め)
明朝から もっと 早く お起きなさい。(起きろ)
窓を おあけなさい。(あけろ)
あなたも 掃除を おしなさい。(しろ)

정리하자면 동사의 제2형에 「お…なさい」를 붙입니다. 단 カ변의
「こい」의 경우에는 「おきなさい」라고 하지 않으며 「お出でなさい」또
는 「いらっしゃい」라고 말합니다.

こゝへお出でなさい。(いらっしゃい)

─── **연습 13** ───

- 다음의 밑줄로 표시된 동사를 일반적인 명령형과 정중한 명령형
  으로 고치시오.

  (1) そこに立つ。

  (2) 二階から下へおりる。

  (3) もう一度よく考へる。

  (4) 私にもそれを見せる。

  (5) 十一時までに歸る。

  (6) 手紙を書く。

  (7) 仕事を丁寧にする。

제6장

형용사(形容詞)

제1절 제1종(第1種) 형용사

33

鐵は 堅い。

富士山は 美しい。

今日は 海が おだやかだ。

あの 山道は 危険だ。

　위의 「堅い」「美しい」「おだやかだ」「危険だ」는 鐵·富士山·海·山道가 「어떤가·어떠한 상태인가(どんなであるか)」를 나타내고 있습니다. 이러한 「堅い」「美しい」「おだやかだ」「危険だ」와 같이 사물의 성질(性質)·양상(有り様)을 서술하는 어를 「형용사(形容詞)」라고 합니다. 형용사는 「い」「だ」로 끝납니다.

34

형용사도 동사와 마찬가지로 용법에 따라 형태가 바뀝니다. 이를 형용사의 활용(活用)이라고 합니다.

형용사의 활용에는 제1종 활용과 제2종 활용 등 두 종류가 있습니다.

35

제1종 활용의 형용사는 「寒い」를 예로 들어 설명하자면 다음과 같이 바뀝니다.

제1형   あの 山の 上は 寒=からう。「サムカロオ」
제2형   あの 山の 上は 寒=くない。
제3형   あの 山の 上は 寒=い。
제4형   若し 寒=ければ シャツを 二枚 着ませう。
제5형   山の 上は 寒=かった。

정리하자면 어말이 「から, く, い, けれ, かっ」가 됩니다. 이를 표로 제시하면 다음과 같습니다.

예시	제1형	제2형	제3형	제4형	제5형
寒い	寒から(う)	寒く	寒い	寒けれ(ば)	寒かっ(た)

( )안의 가나는 뒤에 오는 어를 표시한 것이다. 이하의 표에서도 동일.

다음의 형용사도 제1종 활용입니다.

廣い 　挾い 　　厚い 　　薄い 　苦しい 　嬉しい
古い 　新しい 　正しい 　長い 　短い 　　太い
細い 　善い 　　惡い 　　赤い 　黑い 　　靑い
暑い 　涼しい

다음으로 각 활용형의 주된 용법에 대해 알아봅시다.

36

山の 上は 寒からう。「サムカロオ」(寒い，う)
公園の 花が 美しからう。「ウツクシカロオ」(美しい，う)

　형용사에 추량의 의미를 덧붙이기 위해서는 여기에 「う」라는 어를 붙입니다. 형용사 「寒い」「美しい」에 「う」를 붙이면 상기의 예의 「寒からう」「美しからう」처럼 「い」가 「から」가 됩니다.
　형용사에 「う」가 붙는 형태, 즉 위의 「寒から」「美しから」와 같은 형태를 형용사의 「제1형(第一形)」이라고 합니다.
　추가적으로 몇 가지 예를 들어봅시다.

廣い、う － 廣からう。　　　挾い、う － 挾からう。
厚い、う － 厚からう。　　　薄い、う － 薄からう。

苦しい、う － 苦しからう。　　嬉しい、う － 嬉しからう。

新しい、う － 新しからう。　　正しい、う － 正しからう。

연습 14

• 다음의 형용사에 「う」를 붙여 봅시다.

長い　　短い　　太い　　細い　　善い　　惡い

赤い　　白い　　黑い　　靑い　　暑い　　凉しい

明るい　暗い　　面白い　烈しい

▌주의 1

뒤에 제시할 「寒からう」「美しからう」와 같은 표현은 주로 문어(文語)에 사용하며 담화에서는 [38]의 (は)에서 설명한 「寒いだらう」「美しいだらう」라든가 보다 정중한 표현에 해당하는 「寒いでせう」「美しいでせう」를 사용하는 것이 일반적입니다.

▌주의 2

형용사의 제1형에는 「う」가 붙는 것 이외의 용법은 없습니다.

37

(い)

あの 山の 上は 寒く ない。(寒い, ない)

この 花は あまり 美しく ない。(美しい, ない)

　형용사를 부정(打消)으로 만들기 위해서는 뒤에 「ない」를 붙입니다. 형용사 「寒い」「美しい」에 「ない」를 붙이면 상기한 「寒くない」「美しくない」처럼 「い」가 「く」가 됩니다.

　형용사에 「ない」가 붙는 형태, 즉 위의 「寒く」「美しく」와 같은 형태를 형용사의 「제2형(第二形)」이라고 합니다.

　추가적으로 다음의 예를 봅시다.

廣い、ない － 廣くない。　　挾い、ない － 挾くない。

厚い、ない － 厚くない。　　薄い、ない － 薄くない。

苦しい、ない － 苦しくない。　嬉しい、ない － 嬉しくない。

新しい、ない － 新しくない。　正しい、ない － 正しくない。

▌주의 3

부정(打消)을 나타내기 위해서 동사는 제1형을 사용합니다만([15][20][27] 참조), 형용사는 상기한 바와 같이 제2형을 사용합니다.

▎주의 4

「寒くない」「美しくない」 등을 사용할 때, 사이에 「は」를 넣어,

　寒く<u>は</u>ない。　　　美しく<u>は</u>ない。

처럼 말하는 경우가 적지 않습니다. 그러나 「寒く(は)ない」「美しく(は)ない」는 정중한 표현은 아닙니다. 이를 정중하게 표현하기 위해서는 아래와 같이 「ない」 대신에 「ありません」 또는 「ございません」를 붙입니다.

　あの 山の 上は 寒く(は) ありません。 − 寒く(は) ございません。
　この 花は あまり 美しく(は) ありません。− 美しく(は) ございません。

담화에서는 이러한 정중한 형태를 사용하는 것이 일반적입니다.

(ろ)
山の 上は 夜 寒く なる。(寒い, 動詞)
庭の 花が 美しく 咲く。(美しい, 動詞)

　위의 「寒く」는 뒤의 동사 「なる」를 수식하며 「美しく」는 「咲く」를 수식하고 있습니다. 이처럼 제2형은 동사의 앞에 놓여 이를 수식할 때 사용됩니다.

─────── 연습 15 ───────

• 〈연습 14〉의 형용사를 부정(打消)으로 만드시오.

─────── 연습 16 ───────

• 다음의 각 쌍의 단어를 이어서 말해보시오.

狹い, なる	厚い, なる	輕い, 打つ
大きい, 見える	新しい, 造る	黑い, 寫る
よい, 遊ぶ	烈しい, 造る	早い, 起きる
嬉しい, 思ふ	かたい, 結ぶ	遲い, 歸る
面白い, 話す	長い, 續く	白い, 光る。

38

(い)
あの 山の 上は 寒い。
この 花は 美しい。

위의 형용사 「寒い」「美しい」는 문말에 사용됩니다. 이러한 「寒い」 「美しい」처럼 '문의 종지(終止)에 사용하는 형용사의 형태를 「제3형 (第三形)」이라고 합니다. 제3형은 「い」로 끝납니다.

▌주의 5

제3형은 그 형용사를 대표하는 형태입니다. 따라서 사전(辭典)에서는 이 형태로 제1종 형용사를 제시하고 있습니다.

(ろ)

寒い 冬。　　美しい 花。　　厚い 本。

長い 鉛筆　　高い 山　　新しい 帽子。

위와 같이 제3형은 명사 앞에서 이를 수식할 때 사용합니다.

▌주의 6

위의 경우, 형용사 아래에 「の」를 붙여 「寒いの夜」「美しいの花」처럼 말하는 것은 잘못입니다.

(は)

あの 山の 上は 寒いだらう。(でせう)

公園の 花は 美しいだらう。(でせう)

絲が あまり 細いと、切れませう。

この 紐は 太いが、あまり 丈夫では ありません。

午後は 暑いから、私は うちに 居ます。

위와 같이 제3형은 동사의 경우와 마찬가지로 「だらう」「でせう」「と」 「が」「から」 등을 붙여서 사용합니다. ([20]의 (ろ) 참조)

연습 17

• 다음의 형용사를 문말에 사용한 간단한 문을 만드시오.

暑い	長い	青い	忙しい
早い	あかるい	古い	をかしい

연습 18

• 〈연습 17〉의 형용사 아래에 적당한 명사를 붙여 보시오.

연습 19

• 다음의 형용사에 「だらう」「でせう」「と」「が」「から」가 붙은 간단
한 문을 만드시오.

多い   熱い   つめたい   深い

淺い   苦しい   勇ましい

39

もし 寒ければ シャツを 二枚 着ませう。(寒い, ば)
花が 美しければ、私も 買ひませう。(美しい, ば)

형용사의 경우, 조건을 나타내기 위해서는 뒤에 「ば」를 붙입니다.
형용사 「寒い」「美しい」에 「ば」를 붙이면 위의 예 「寒ければ」「美しけ
れば」처럼 「寒い」「美しい」가 「寒けれ」「美しけれ」가 됩니다. 이러한
「寒けれ」「美しけれ」처럼 「ば」가 붙는 형태를 「제4형(第四形)」이라고
합니다. 추가로 다음의 예를 보세요.

廣い、ば － 廣ければ。　　　挾い、ば － 挾ければ。

厚い、ば － 厚ければ。　　　薄い、ば － 薄ければ。

苦しい、ば － 苦しければ。　　嬉しい、ば － 嬉しければ。

┃주의 7

제4형은 「ば」가 붙는 것 외의 용법은 없습니다.

연습 20

• 〈연습 17〉의 형용사에 「ば」를 붙여 보세요.

40

山の 上は 寒かっ̊た。(寒い, た)

公園の 花が 美しかっ̊た。(美しい, た)

　형용사에 과거의 의미를 덧붙이기 위해서는 뒤에 「た」를 붙입니다. 형용사 「寒い」「美しい」에 「た」를 붙이면 위의 예 寒かっ̊た 美しかっ̊た처럼 「い」가 「かっ」이 됩니다. 이러한 「寒かっ」「美しかっ」처럼 「た」가 붙는 형태를 「제5형(第五形)」이라고 합니다. 추가로 몇 가지 예를 들어봅시다.

廣い、た － 廣かった。　　　狹い、た － 狹かった。
厚い、た － 厚かった。　　　薄い、た － 薄かった。
苦しい、た － 苦しかった。　　嬉しい、た － 嬉しかった。

▎주의 8

동사의 제5형은 4단 활용에만 있지만([29] 참조), 형용사는 그 종류에
상관없이 제5형이 존재합니다.

또한 동사의 제5형에는 「た」「て」가 붙지만, 형용사의 제5형에는
「た」만 붙습니다.

「て」는 제1종 형용사의 경우 다음과 같이 제2형에 붙습니다.

山の 上では 寒くて ふるへて ゐました。
あの 花は 赤くて 大きい。

연습 21

• 다음의 형용사에 「た」를 붙여 보시오.

熱い　つめたい　黑い　暗い　新しい　勇ましい
强い　勇ましい　弱い　大きい　小さい　正しい

제2절 제2종(第2種) 형용사

41

제2종 활용의 형용사는 「おだやかだ」를 예로 제시하자면 다음과 같이 변합니다.

제1형
あの 海は <u>おだやか=だら</u>う。「オダヤカダロオ」(おだやかだ, う)

제2형
あの 海は <u>おだやか=で</u> ない。(おだやかだ, ない)
海も 午後には <u>おだやか=に</u> なるでせう。(おだやかだ, 動詞)

제3형
あの 海は <u>おだやか=だ</u>。
<u>おだやか=な</u> 海。(おだやかだ, 명사)

제4형
海が <u>おだやか＝なら</u>[ば] 船で 行きませう。(おだやかだ、ば)
昨日は 海が <u>おだやか＝だっ</u>た。(おだやかだ、た)

정리하자면 어말이 「だら, で(に), だ(な), なら, だっ」가 되고 제2형·제3형은 각각 두 가지 형태가 있습니다. 이를 표로 제시하면 다음과 같습니다.

예시				
おだやかだ				
제1형	제2형	제3형	제4형	제5형
おだやか<u>だら</u>(う)	おだやか<u>で</u> おだやか<u>に</u>	おだやか<u>だ</u> おだやか<u>な</u>	おだやか<u>なら</u>	おだやか<u>だっ</u>(た)

다음의 형용사도 제2종 활용입니다.

靜かだ	明かだ	たひらだ	賑かだ
盛んだ	朗かだ	花やかだ	はでだ
豊かだ	柔かだ	きれいだ	りっぱだ
丁寧だ	親切だ	丈夫だ	愉快だ
不快だ	危險だ	豊富だ	貧弱だ
嚴重だ	無事だ		

다음으로 각 활용형의 주된 용법에 대해 설명하도록 하겠습니다.

42

あの 海は <u>おだやかだら</u>う。「オダヤカダロオ」(おだやかだ, う)

公園の 花も <u>きれいだら</u>う。「キレエダロオ」(きれいだ, う)

형용사 「おだやかだ」「きれいだ」에 추량의 의미를 덧붙이기 위해
뒤에 「う」를 붙이면 상기의 예 「<u>おだやかだらう</u>」「<u>きれいだらう</u>」처럼

「だ」가「だら」가 됩니다.

이러한「おだやかだら」「きれいだら」와 같이「う」가 붙은 형태를
「제1형(第一形)」이라고 합니다.

추가로 몇 가지 예를 들어봅시다.

静かだ、う － 静だらう。　　　明かだ、う － 明かだらう。

賑やかだ、う － 賑やかだらう。　盛んだ、う － 盛んだらう。

りっぱだ、う － りっぱだらう。　丁寧だ、う － 丁寧だらう。

연습 22

• 다음의 형용사에「う」를 붙여 봅시다.

朗らかだ	花やかだ	はでだ	柔かだ
親切だ	丈夫だ	危険だ	豊富だ

❚ 주의 1

제1형에는「う」가 붙는 것 이외의 용법은 없습니다.

43

(い)

あの 海は おだやかで ない。(おだやかだ, ない)

この 花は あまり きれいで ない。(きれいだ, ない)

형용사「おだやかだ」「きれいだ」를 부정(打消)으로 만들기 위해 뒤에「ない」를 붙이면 위의 예인「おだやかでない」「きれいでない」처럼「だ」가「で」로 됩니다.

이러한「おだやかで」「きれいで」와 같이「ない」가 붙는 형태를「제2형(第二形)」이라고 합니다. 추가로 다음을 예를 봅시다.

靜かだ、ない － 靜でない。　　明かだ、ない － 明かでない。

賑やかだ、ない － 賑やかでない。　盛んだ、ない － 盛んでない。

りっぱだ、ない － りっぱでない。　丁寧だ、ない － 丁寧でない。

▮주의 2

위의「おだやかでない」「きれいでない」등을 사용할 경우는 다음과 같이「ない」앞에「は」를 넣는 것이 일반적입니다.

おだやかではない。　　きれいではない。

▌주의 3

위의 「おだやかで(は)ない」「きれいで(は)ない」를 정중하게 말하려면 다음과 같이 「ない」대신에 「ありません」또는 「ございません」을 사용합니다. 담화에서는 이러한 정중한 형태를 사용하는 것이 일반적입니다.

おだやかで(は)ありません。 ‐ おやだかで(は)ございません。
きれいで(は)ありません。 ‐ きれいで(は)ございません。

(ろ)
海も 午後には おやだやに なるでせう。(おだやかだ, 동사)
庭の 花が きれいに 咲く。(きれいだ, 동사)

형용사 「おだやかだ」「きれいだ」를 위의 예처럼 뒤의 동사(なる, 咲く)를 수식할 때 사용하게 되면 「だ」가 「に」로 바뀝니다. 추가로 다음의 예를 봅시다.

靜かだ、歩く ‐ 靜かに歩く。
明かだ、する ‐ 明かにする。
親切だ、敎へる‐ 親切に敎へる。
愉快だ、話す ‐ 愉快に話す。
無事だ、暮す ‐ 無事に暮す。

▌주의 4

제1종 활용은 뒤에 「ない」가 붙는 형태와 뒤의 동사를 수식할 때의
형태가 동형(同形)이지만([38] 참조), 제2종 활용에서는 위와 같이 그
형태를 달리합니다.

연습 23

• 다음의 형용사를 부정(打消)으로 만드시오.

賑かだ	花やかだ	はでだ	柔かだ
丈夫だ	愉快だ	危險だ	無事だ
安全だ	有名だ		

연습 24

• 다음의 ( ) 안에 적당한 음을 적어 넣고 끝까지 이어서 말해보세요.

(1) 穩か(　　　)話す。

(2) 火が盛ん(　　　)燃える。

(3) 丁寧(　　　)お辭儀した。

(4) ひよこが丈夫(　　　)育ちました。

(5) 本を粗末(　　　)するな。

(6) 朗か(　　　)笑ふ。

(7) 若い時ははなやか(　　　)暮した。

44

(い)

あの 海は <u>おだやかだ</u>。

公園の 花が <u>きれいだ</u>。

위의 「おだやかだ」「きれいだ」는 문말에서 사용되고 있습니다. 이러한 「おだやかだ」「きれいだ」처럼 문의 종지(終止)에 사용하는 형태를 「제3형(第三形)」이라고 합니다.

(ろ)

海が <u>おだやか</u>と、泳ぎたいがな。

この 花は <u>きれいだ</u>が、葉は きれいで ない。

町が たいへん <u>賑か</u>から、行って みませう。

위와 같이 「だ」로 끝나는 제3형은 「と」「が」「から」등을 붙여 뒤까지 이어서 말할 때 사용합니다. ([30]의 (ろ), [38]의 (は) 참조)

▎주의 5

제1종 활용은 「寒いだらう」「美しいだらう」처럼 제3형에 「だらう」를 붙여서 추량을 나타내나, 제2종 활용의 제3형에는 「だらう」는 붙지 않으며 추량을 나타내기 위해서는 제1형에 「う」를 붙여 「<u>おだやかだ</u>らう」「<u>きれいだ</u>らう」라고 합니다.

(は)

<u>おだやかな</u> 海。　　<u>きれいな</u> 花。　　<u>賑かな</u> 町。

<u>盛んな</u> 會。　　　<u>静かな</u> へや。　　<u>愉快な</u> 話。

「おだやかだ」「きれいだ」 등이 명사 앞에 와 이를 수식할 때는 위의
예처럼 「だ」가 「な」로 바뀝니다.

▌주의 6

위의 경우 형용사 뒤에 「の」를 붙여 「おだやかなの海」「きれいなの花」
등과 같이 말하지는 않습니다.

▌주의 7

동사도 형용사의 제1종 활용도 문을 끝내는 형태와 뒤에 오는 명사를
수식할 때의 형태가 동일하나, 형용사의 제2종 활용에서는 위와 같이
그 형태가 다릅니다.

─────────── 연습 25 ───────────

• 다음의 형용사를 문말에 사용한 간단한 문을 만드시오.

　明かだ　　　立派だ　　　朗かだ　　　花やかだ　　　有名だ
　丁寧だ　　　親切だ　　　僅かだ

─────────── 연습 26 ───────────

• 〈연습 25〉의 형용사 뒤에 적당한 명사를 붙이시오.

─────────── 연습 27 ───────────

• 다음의 형용사 뒤에 「と」「が」「から」를 붙여 간단한 문을 만드시오.

　靜かだ　　　盛んだ　　　丈夫だ　　　りっぱだ
　不愉快だ　　愉快だ　　　危險だ

45

海が おだやかならば、船で 行きませう。(おだやかだ、ば)
花が きれいならば、買って お出でなさい。(きれいだ、ば)

「おだやかだ」「きれいだ」를 가정(假定)하기 위해 여기에 「ば」를 붙이면 위의 예인 「おだやかならば」「きれいならば」처럼 「だ」가 「なら」가 됩니다. 이러한 「おだやかなら」「きれいなら」처럼 「ば」가 붙는 형태를 「제4형(第四形)」이라고 합니다. 추가로 몇 가지 예를 들어봅시다.

靜かだ、ば - 靜かならば。   明かだ、ば - 明かならば。
朗かだ、ば - 朗かならば。   盛んだ、ば - 盛んならば。
りっぱだ、ば - りっぱならば。   丁寧だ、ば - 丁寧ならば。

연습 28

• 다음의 형용사에 「ば」를 붙여 보시오.

柔かだ   花やかだ   はでだ
危險だ   有名だ   無事だ   丈夫だ

❚ 주의 8

제4형은 「ば」가 붙는 것 이외의 용법은 없습니다. 그러나 담화에서는 위의 경우에 「ば」를 생략하여,

　海が　おだやかなら　船で　行きませう。
　花が　きれいなら　買って　お出でなさい。

처럼 말하는 것이 일반적입니다.

46

　昨日は　海が　おだやかだった。（おだやかだ，た）
　公園の　花が　たいへん　きれいだった。（きれいだ，た）

　「おだやかだ」「きれいだ」에 과거의 의미를 부여하기 위해서는 여기에 「た」를 붙이면 위의 예인 「おだやかだった」「きれいだった」처럼 「だ」가 「だっ」이 됩니다. 이러한 「おだやかだっ」「きれいだっ」처럼 「た」에 붙는 형태를 「제5형(第五形)」이라고 합니다. 추가로 다음의 예를 봅시다.

　靜かだ、た － 靜かだった。　　明かだ、た － 明かだった。
　朗かだ、た － 朗かだった。　　盛んだ、た － 盛んだった。
　りっぱだ、た － りっぱだった。　丁寧だ、た － 丁寧だった。

▌주의 9

제2종 형용사도 제1종 형용사와 동일하게 제5형에는 「た」가 붙을 뿐입니다.

더불어 제1종 형용사의 제2형에는 「て」가 붙지만([40]의 (주의8)), 제2종 형용사에는 「て」가 붙지 않습니다.

연습 29

• 〈연습 28〉의 형용사에 「た」를 붙여 보시오.

---

47 제2종 형용사의 정중한 형태

제2종 형용사의 제1형·제3형·제5형에는 정중한 의미를 담은 특별한 형태가 있어 다음과 같이 사용합니다.

あの 海は おだやかでせう。「オダヤカデショオ」−(おだやかだらう)
あの 海は おだやかです。−(おだやかだ)
あの 海は おだやかでした。−(おだやかだった)

다시 말해 「おだやかでせう」「おだやかです」「おだやかでした」는 각각 「おだやかだらう」「おだやかだ」「おだやかだった」를 정중하게 말한

것으로 담화에서는 일반적으로 이들을 사용합니다.

	제1형	제3형	제5형
보통의 형태	おだやか<u>だら</u>(う)	おだやかだ	おだやか<u>だっ</u>(た)
정중의 형태	おだやか<u>でせ</u>(う)	おだやか<u>です</u>	おだやか<u>でし</u>(た)

연습 30

• 다음을 각각 정중한 형태로 만드시오.

賑かだらう	賑かだ	賑かだった
親切だらう	親切だ	親切だった
きれいだらう	きれいだ	きれいだった
盛んだらう	盛んだ	盛んだった
りっぱだらう	りっぱだ	りっぱだった
靜かだらう	靜かだ	靜かだった
丈夫だらう	丈夫だ	丈夫だった
明かだらう	明かだ	明かだった
無事だらう	無事だ	無事だった

┃주의 10

구어문(口語文)에서는 제2종 형용사의 제1형·제3형·제5형에 상당하는 다음과 같은 표현을 사용하는 것이 일반적입니다.

あの 海は おだやかであらう「オダヤカデアロオ」-(おだやかだらう)
あの 海は おだやかである-(おだやかだ)
あの 海は おだやかであった-(おだやかだった)

다시 말해 구어문에서는 제2종 형용사의 제2형 「-で」에 동사 「ある」를 붙여 사용합니다.

제1형	제2형	제3형
おだやかだら(う)	おだやかだ	おだやかだっ(た)
おだやかで, あら(う)	おだやかで, ある	おだやかで, あっ(た)

제7장

부사(副詞)

48

ゆっくり 讀む。

今日は 波が 少し 高い。

公園の 花は 大變 きれいです。

위의 「ゆっくり」는 동사 「讀む」를 수식하고 「少し」「大變」은 각각 형용사 「高い」「きれいです」를 수식하고 있습니다. 이러한 「ゆっくり」「少し」「大變」처럼 동사·형용사를 수식하는 어를 「부사(副詞)」라고 합니다.

다음의 어는 모두 부사입니다.

しばらく	ちょっと	すぐ(に)	ぢき(に)		
たびたび	ときどき	たまに	さっそく		
大層	よほど	少し	もっと	あまり(に)	最も。
はっきり(と)	ぼんやり(と)	ゆっくり(と)			
にっこり(と)	ひらり(と)				
必ず	きっと	決して	多分	若し	たとへ
まるで	ちゃうど。				

(　) 안의 어는 생략해서 사용하기도 합니다.

49

もっと ゆっくり お讀みなさい。

山の 寫眞は 少し ぼんやり とれました。

先生が 大變 はっきり 敎へて 下さいます。

위의 부사 「もっと」「少し」「大變」은 각각 뒤에 있는 다른 부사 「ゆっ
くり」「ぼんやり」「はっきり」를 수식하고 있습니다. 이처럼 부사는 다
른 부사를 수식할 수 있습니다.

50

あまり たくさん 食べるのは いけません。

위의 부사 「あまり」는 또 다른 부사 「たくさん」를 수식하며 「たく
さん」은 동사 「食べる」를 수식하고 있습니다. 이처럼 부사는 수식되
는 어의 바로 앞에 있는 위치하는 것이 일반적이나, 다음과 같이 수식
되는 어와의 사이에 다른 어가 개입(介入)할 수도 있습니다.

ちょっと 此處へ お出でなさい。

私は すぐ 學校へ 行きます。

しばらく あそこで 待ってゐませう。

田中君は ときどき 先生に ほめられます。

51

もし 雨が 降ったら、歸って お出でなさい。

私は 決して うそは 言ひません。

兄は 多分 七時頃に 歸るでせう。

위의 부사 「もし」「決して」「多分」은 각각 가정(假定)의 「降ったら」, 부정(打消)의 「言ひません」, 추량(推量)의 「歸るでせう」의 의미를 보다 명확하게 하고 있습니다. 따라서 이러한 「もし」「決して」「多分」은 각각 가정·부정·추량의 경우에만 사용합니다. 이처럼 부사 중에는 일정한 서술에 한해 사용하는 것이 있습니다.

추가로 다음의 예를 봅시다.

私も 必ず 行きます。(단언(斷言))

どうか 暫く 待って 下さい。(원망(願望))

まさか そんな 事は 無いでせう。(부정의 추량)

あなたは なぜ 泣くのですか。(의문)

たとへ 苦しくても、苦しいと 言っては いけません。(가정)

二人は 仲が よくて、まるで 兄弟のやうです。(비교)

▌주의

형용사나 명사를 부사처럼 동사·형용사를 수식할 때 사용합니다.

(い)

風が 强く 吹く。　　輕く 打つ。

烈しく 戰う。　　　面白く 話す。

靜かに 歩く。　　　丁寧に 敎へる。

愉快に 話す。　　　急に 出かける。

(ろ)

蜜柑を 三つ 食べた。

鉛筆を 五本 買ひました。

小鳥が 三羽 飛んで 行った。

こゝに 本が 一册 あります。

父は 昨晚、旅行から 歸りました。

私は 來月 マニラへ 行きます。

今度 ゆっくり 話しませう。

상기의 예는 수사와 때를 나타내는 명사를 부사와 같이 사용한 예
입니다.

연습 31

• 다음의 부사에 수식되는 단어를 붙여 보시오.

ほんたうに	たくさん	やっぱり	
少し	すぐに	きっと	よほど
もう	とうとう	そろそろ	
ちやうど	ぢきに	ちょっと	
しばらく	全く	なかなか	

제8장
접속사(接續詞)

52

昨日 山の 方には 雨が 降りました。<u>しかし</u> 風は 吹きませんでした。
さっき 田中さんが お出でに なりました。<u>それから</u> 櫻井さんも お
出でに なりました。
庭には 池も ありますし、<u>また</u> 運動場も あります。

위의 「しかし」「それから」「また」는 앞의 어의 의미에 맞춰 뒤로 이어
주는 역할을 합니다. 이처럼 전후를 연결하는 어를 「접속사(接續詞)」라
고 합니다.

53

접속사에는 다음과 같이 크게 4종류가 있습니다.

(い)
あの 町には 山が あります。<u>それから</u> 用も あります。

中村君は 野球が 好きで、そのうへ 庭球も 好きです。

위의 「それから」「そのうへ」는 부가하는 의미의 접속사입니다. 이러한 종류의 접속사로는 다음과 같은 어가 있습니다.

さうして　そして　また　かつ　なほ　及び　並に

(ろ)
あれは 軍艦でせうか。　それとも 汽船でせうか。
答案は ペン または 萬年筆で お書きなさい。

위의 「それとも」「または」와 같이 접속사에는 선택의 의미가 있는 것이 있습니다. 이러한 종류의 어에는 다음과 같은 어가 있습니다.

もしくは　あるひは

(は)
誰も みな 喜びました。ところが 一人 喜ばない ものが ゐました。
私は 中村君と 一緒に 歸らうと 思ひます。だが 中村君は どうしても 歸らうと 言ひません。
風は かなり 強く 吹いて ゐます。けれども 波は あまり 高くは ありません。

위의 「ところが」「だが」「けれども」와 같이 접속사에는 전후의 의미가 순당(順當)하지 않는 경우에 사용하는 것도 있습니다. 이러한 종류

의 어에는 다음과 같은 것도 있습니다.

しかし　ですが　が　でも　もっとも　但し

(に)
雨が 降りさうです。ですから 傘を 持って 出ませう。
十一時頃 雨が 降り出しました。すると 弟が 急いで 歸って 來ました。
あなたも 公園へ お出でに なりますか。では 私も 一緒に 参りませう。

위의 「ですから」「すると」「では」처럼 접속사에는 전후의 의미가 순당한 경우에 사용하는 것이 있습니다. 이러한 종류의 것에는 다음과 같은 어가 있습니다.

そこで　　それでは　　さうすると　　それなら
だから　　隨って　　因って

--- 연습 32 ---

• (い) 다음 문의 ( ) 안에 적당한 접속사를 넣으시오.

(1) 雨がひどく降りました。( )私たちは濡れませんでした。
(2) うちには犬も猫も居ます。( )兎も居ます。
(3) 明朝は早く起きなければなりません。( )今夜は早く寝ませう。
(4) 卒業式には父( )兄が参るはずです。
(5) あそこには用があります。( )池もあります。

• (ろ) 다음의 접속사를 사용하여 간단한 문을 만들어 보시오.

　そのうへ　　しかし　　だから　　または　　けれども

제9장

감동사(感動詞)

54

(い)
<u>あ</u>、飛行機が 飛んで ゐる。
<u>おや</u>、雲が 出て 來ました。
<u>やあ</u>、ひどい 雨ですね。

(ろ)
<u>もしもし</u>、あなたは 中村さんですか。
<u>おい</u>、そこで 何をして ゐるのか。

(は)
「あなたも 之を お讀みに なりましたか。」「<u>はい</u>、昨日 讀みました。」
「あの方は 中村さんですか。」「<u>いいえ</u>、さうでは ありません。田中
さんです。」

　상기 (い)의 「あ」「おや」「やあ」는 감동(感動)의 정(情)을 나타내는 어이며, (ろ)의 「もしもし」「おい」는 남을 부르는 어입니다. 또한 (は)의 「はい」「いいえ」는 응답(應答)에 사용하는 어입니다. 이러한 어를 「감동사(感動詞)」^{かんどうし}라고 합니다.

55

감동사는 위의 예와 같이 문두(文頭)에 오는 것이 일반적이나, 다음의 예와 같이 그것만으로 하나의 문처럼 사용되는 경우도 있습니다.

　「まだ 雨が 降って きましたよ。」「<u>おやおや</u>。」
　「中村さんの 帽子は これでせう。」「<u>さあ</u>。」
　「あなたも 新しい 本を お買ひ になりましたか。」「<u>いいえ</u>。」

| 주의

감동의 정을 나타내는 어에는 이 외에도 예를 들어,

　この 花は 大變 綺麗ですね。
　中村さんは 上手に 歌ひました<u>な</u>。

의 「ね」「な」와 같은 어가 있으나 이들은 감동사가 아닙니다.
　이들 어는 반드시 다른 어 뒤에 붙어 사용하나, 감동사는 위에서

언급한 바와 같이 문두에서 사용할 수 있습니다. 단 「ね」는 다음과
같이 사용되면 감동사가 되기도 합니다.

<u>ね</u>、お母さん、あれは 何でせう。

제10장
조동사(助動詞)

제1절 조동사의 활용(活用)

(い)

この 鳥は 鳴く。

(は)

この 鳥は 鳴かない。

(は)

この 鳥は 鳴きます。

상기 (い)의 「鳴く」는 4단 활용의 동사 「鳴く」의 제3형을 문말(文末)에 사용한 것이나, (ろ)의 「鳴かない」는 「鳴く」의 제1형에 「ない」를 붙여 「鳴く」를 부정한 것이고, (は)의 「鳴きます」는 「鳴く」의 제2형에 「ます」를 붙여 「鳴く」에 정중한 의미를 부여한 것입니다. ([15·16] 참조) 이들 「ない」「ます」처럼 주로 동사 뒤에 붙어서 일정한 의미를 덧붙이는 어를 「조동사(助動詞)」라고 합니다.

57

(い) この 鳥は 鳴きます。

(ろ) この 鳥は 鳴きません。

(は) この 鳥は さっき 鳴きました。

상기 (い)의 「ます」는 문말에 사용한 것이나, (ろ)의 「ません」은 부정의 의미를 나타내기 위해 「ます」에 조동사 「ん」을 붙인 것입니다. 이 경우 「ます」는 「ませ」가 됩니다. 또한 (は)의 「ました」는 과거의 의미를 나타내기 위해 「ます」에 조동사 「た」를 붙인 것으로 이 경우에는 「ます」가 「まし」가 됩니다.

「ます」가 (ろ)(は)에서 「ませ」「まし」가 되는 것처럼 조동사의 대부분은 용법에 따라 형태가 변합니다. 이를 「활용(活用)」이라 지칭함은 동사・형용사의 경우와 동일합니다.

▌주의

상기 (ろ)(は)의 「ません」「ました」의 「ん」「た」처럼 조동사는 다른 조동사 아래에 붙여 쓸 수 있습니다.

58

조동사의 활용에는 동사와 같은 것, 형용사와 같은 것, 그리고 특수

한 것이 있습니다. 이하 주요 조동사를 대상으로 그 활용에 대해 설명
하도록 합니다.

제2절 「ない」

59

「ない」는 동사의 제1형에 붙어 부정의 의미를 나타내는 조동사이며
그 활용은 제1종 형용사와 동일합니다. ([39] 참조)

어	제1형	제2형	제3형	제4형	제5형
ない	なから(う)	なく	ない	なけれ(ば)	なかっ(た)

위의 각 형태의 용법도 대체로 제1종 형용사와 동일합니다.([36-40]
참조). 다음으로 예를 들어봅시다.

小さい 弟も あまり 泣かなく なりました。(제2형)

雨は まだ 降らない。(제3형)

誰も ゐない 室。(제3형)

今日は 雨が 降らないでせう。[降らないだらう] (제3형)

誰も こないから、散歩を しよう。(제3형)

田中君が 歌はなければ、中村君が 歌ひませう。(제4형)

海には 船が 一隻も 見えなかった。(제5형)

▎주의 1

제1형인 「なから」에는 「う」가 붙는데, 예를 들어 「椅子が足りなから うと心配した」처럼 의자의 다리가 부족함을 추량하는 의미를 나타 내나 이러한 표현은 거의 사용하지 않으며 제3형에 「でせう」「だらう」 를 붙인 「足りないでせう(だらう)」를 사용합니다.

▎주의 2

문어로 나타낼 경우에는 제3형인 「ない」, 제4형인 「なけれ」 대신에 각각 「ぬ」「ね」를 사용하기도 합니다. ([27]의 (주의1) 참조)

櫻は 夏には 咲かぬ。   (咲かない)
雨の 降らぬ 日。   (降らない日)
注意せねば ならぬ。   (注意しなければならない)

▎주의 3

동사인 「ある」에는 부정의 조동사 「ない」와 「ぬ」는 모두 붙지 않습니 다. 「ある」의 부정에는 형용사인 「ない」를 사용합니다. 예를 들어,

こゝに 本を あらない。

本は こゝに あらぬが、私の へやに あります。

라고는 하지 않으며,

こゝに 本は ない。

本は こゝには ないが、私の へやに あります。

라고 합니다. ([27]의 (주의2) 참조)

연습 33

• 다음의 각 조합의 어를 이어서 말해 보시오.

(1) 書かない、だ。　　　　(2) 見えない、する。

(3) 知らない、ば。　　　　(4) 讀まない、だ。

(5) 行くない、でせう。　　(6) 流れる、ない、ば。

(7) 來る、ない、なる。　　(8) ゐる、ない、人。

(9) 買ふ、ない、でせう。　(10) 勉强する、ない、だ。

제3절 「ます」

60

「ます」는 동사의 제2형에 붙어 정중한 의미를 부여하는 조동사이며 ([16][21][28] 참조), 다음과 같이 활용합니다.

어	제1형	제2형	제3형	제4형
ます	ませ(う)	まし	ます	ますれ(ば)

다음으로 각 형태의 예를 들겠습니다.

　(1) 此處に 本は ありません。(제1형)
　(2) 私も 新聞を 讀みませう。「マショオ」(제1형)
　(3) 午後 雨が やみませう。「マショオ」(제1형)

　위와 같이 제1형「ませ」에는 (1) 조동사「ん」이 붙어 부정을 나타냅니다. 또한 조동사「う」가 붙어 (2) 화자(話者)의 의지(意地)를 나타내며, (3) 추량하여 말한다는 의미를 나타냅니다.

▎주의 1
「ます」에는 부정의 조동사「ない」는 붙지 않습니다.

(4) 私は 今朝 飛行機を 見ました。(제2형)

  雨が 降りまして、みんなが 濡れました。(제2형)

위와 같이 제2형에는 조동사「た」를 붙여 과거의 의미를 나타내거나「て」를 붙여 뒤로 이어서 말할 때 사용합니다.

(5) 私は ときどき 公園へ 行きます。(제3형)

(6) 兄は 繪を かきますが、私は かきません。(제3형)

(7) ぢき 暗く なりますから、うちへ 歸りませう。(제3형)

위와 같이 제3형은 (5)처럼 문말(文末)에 사용하거나 (6)(7)처럼「が」「から」등으로 연결하기 위해 사용합니다.

▌주의2

「ます」의 제3형은 명사 앞에 사용하며 예를 들어,

  こちらへ 參ります 途中で、弟に 逢ひました。

처럼 말하기도 하지만, 일반적인 담화에서는 이와 같은 경우에는「ます」를 붙이지 않으며,

  こちらへ 參る 途中で…

와 같이 말합니다.

또한 추량의 의미를 나타낼 때는 제3형에 「でせう」를 붙여,

午後 雨が やみますでせう。

처럼 말하기도 하나, (3)처럼 「やみませう」라고 하는 것이 보다 일반
적입니다.

(8) あなたが おいでに なりますれば、私も 一緒に 參ります。(제4형)
　　午後 雨が 降りますれば、私は うちに をります。(제4형)

이상과 같이 제4형은 「ば」를 붙여 가정할 때 사용합니다.

연습 34

• 다음의 각 조합의 어를 이어서 말해 보세요.

　(1) 乘ります、ん。　　　　　(2) あります、う。

　(3) 買ふ、ます。　　　　　　(4) 來る、ます、が。

　(5) 寒くなる、ます、から。　(6) 讀む、ます、ば。

　(7) 書く、ます、た。　　　　(8) 勉强する、ます、て。

　(9) 乘る、ます、ん。　　　　(10) 見る、ます、う。

　(11) 考へる、ます、た　　　(12) 植ゑる、ます、ば。

제4절 「れる」「られる」

61

(1) 人を 笑へば、人に 笑はれる。(제3형)

　　太郎は ときどき 先生に ほめられる。(제3형)

　위의 「笑はれる」는 4단 활용의 동사 「笑ふ」의 제1형 「笑は」에 조동사 「れる」가 붙인 것이며, 「ほめられる」는 하1단 활용의 동사 「ほめる」의 제1형 「ほめ」에 조동사 「られる」가 붙은 것입니다.

　이와 같이 「れる」「られる」는 동사의 제1형에 붙어 타자(他者)로부터 동작을 받는다는 의미를 나타낼 때 사용합니다.

　「れる」는 4단 활용의 제1형에 붙고 「られる」는 그 외의 활용의 제1형에 붙습니다.

　「れる」「られる」의 활용은 다음과 같이 하1단 활용입니다.

어	제1형	제2형	제3형	제4형
れる	れ	れ	れる	れれ
られる	られ	られ	られる	られれ

다음으로 각 형태의 용례를 제시합니다.

(2) 太郎は 笑はれない 次郎が 笑はれたのです。(제1형)

今日は まだ 誰からも ほめられない。(제1형)

위와 같이 제1형은 「ない」를 붙여서 부정을 나타낼 때 사용합니다.

(3) 太郎は ときどき 人から 笑はれます。(제2형)
   次郎は 友達からも ほめられます。(제2형)
   國境では 荷物を 調べられます。(제2형)

(4) 太郎は 昨日も 笑はれた。(제2형)
   昨夜 靴を 盗まれた。(제2형)
   次郎も 昨日は 先生に ほめられた。(제2형)

(5) 太郎は 友達に 笑はれて、顔を 赤く しました。(제2형)
   小さい 弟に ペンを 折られて、こまりました。(제2형)
   次郎は 先生に ほめられて、大變 喜んで ゐます。(제2형)

이와 같이 제2형은 뒤에 「ます」「た」「て」를 붙여서 말할 때 사용합니다.

(6) 世の 中には 笑はれる 人は 多いが、ほめられる 人は 少ない。
   (제3형)
   馬に 手を かまれる ことも あります。(제3형)
   荷物を 調べられる 處は、國境です。(제3형)

(7) 次郎は 今日も ほめられるでせう。[ほめられるだらう。](제3형)

　太郎は ときどき 友達から 笑はれるが、別に 氣に かけて ゐ

　ない。(제3형)

　そんな 事を すると 人に 笑はれるから、およしなさい。(제3형)

　이와 같이 제3형은 뒤로 명사가 이어지고(예문(6) 참조),「でせう」
「だらう」「が」「から」 등을 아래에 붙여서 말할 때(예문(7) 참조) 사용
합니다.

　또한 제3형은 문말에 사용하는 경우도 있는데 그 예는 앞서 (1)에
서 제시하였습니다.

(8) 人から 笑はれれば はづかしく なるのは、誰も 同じです。(제
　4형)

　人から ほめられれば、誰だって 嬉しく 思ふでせう。(제4형)

　이와 같이 제4형은「ば」를 붙여 가정할 때 사용합니다.

▎주의 1

이상은 타동사([25] 참조)가 수동(受身)이 된 예이나, 일본어에서는 다
음과 같이 자동사([25] 참조)도「れる」「られる」를 붙여서 수동을 만들
수 있습니다.

雨に 降ら<u>れ</u>て 困りました。

　　　　　[「降る」의 제1형에 「れる」의 제2형이 붙은 것]
あなたに 殘って ゐ<u>られる</u>と、私も 歸る ことが 出來ません。

　　　　　[「ゐる」의 제1형에 「られる」의 제3형이 붙은 것]
子供に 泣か<u>れる</u>と、私も 悲しく なります。

　　　　　[「泣く」의 제1형에 「れる」의 제3형이 붙은 것]

연습 35

• 다음의 각 조합의 어를 이어서 말해 보세요.

(1) 燒く、れる。　　(2) 見る、られる。

(3) 入れる、られる。　(4) 投げる、られる。

(5) 動かす、れる。　(6) 着る、られる。

(7) 飛ぶ、れる。　　(8) 忘れる、られる。

(9) 進む、れる。　　(10) 出る、られる。

연습 36

• 다음의 동사에 수동 「れる」「られる」를 붙여 보세요.

流す　　考へる　　見せる　　急ぐ　　來る

借りる　積む　　食べる　　讀む　　泣く

起きる　閉ぢる　　逃げる　　買ふ　　用ひる

育てる　入れる　　乘る

▌주의 2

「れる」「られる」는 다음과 같이 가능(可能)의 의미를 나타낼 때도 사용합니다.

今日は 私も 一緒に 行かれる。(行く、れる)

私は 一時間に 十五頁 讀まれる。(讀む、れる)

弟も 五時までは 此處に ゐられるでせう。(ゐる、られる)

聞かれれば 何時でも 答へられる。(答へる、られる)

추가로 위의 첫 번째, 두 번째 예문의 「行かれる」「讀まれる」를 「行ける」「讀める」로 해도 같은 의미가 됩니다. 다시 말해 「行く」「讀む」 등의 4단 활용의 동사를 하1단 활용으로 바꾸면 대체로 가능의 의미가 더해진 동사가 됩니다. 이하 추가로 몇 가지 예를 들어보겠습니다.

(4단) (하1단)	(4단) (하1단)
書く―書ける	泳ぐ―泳げる
出す―出せる	勝つ―勝てる
死ぬ―死ねる	
買ふ―買へる	飛ぶ―飛べる
休む―休める	歸る―歸れる

▌주의 3

「れる」「られる」는 다음의 예와 같이 타자에 대한 존경(尊敬)의 의미를 나타낼 때도 사용합니다.

先生は 毎日 十時に やすま<u>れる</u>。[「やすむ」의 제1형, 「れる」의 제3형]

中村さんも ときどき 映畫を 見<u>られる</u>。[「見る」의 제1형 「られる」 의 제3형]

先生は 毎朝 六時に 起き<u>られ</u>ます。[「起きる」의 제1형 「られる」의 제2형]

▌주의 4

「する」에 「られる」가 붙으면 「しられる」가 되지만, 보통은 다음과 같이 「される」라고 합니다.

友達から 親切に <u>される</u>。(수동, 제3형)

先生は 夕方に 散步<u>され</u>ます。(존경, 제2형)

제5절 「せる」「させる」

62

(1) 弟に 片假名を 書か<u>せる</u>。(제3형)

六時には 子供たちに 夕飯を 食べ<u>させる</u>。(제3형)

　위의 「書かせる」는 4단 활용의 동사 「書く」의 제1형 「書か」에 조동사 「せる」가 붙은 것이며, 「食べさせる」는 하1단 활용의 동사 「食べる」의 제1형 「食べ」에 조동사 「させる」가 붙은 것이다.

　이와 같이 「せる」「させる」는 동사의 제1형에 붙여서 타자에게 동작을 시킨다는 의미 혹은 허용한다는 의미를 나타낼 때 사용합니다.

　「せる」「させる」의 활용은 다음과 같이 하1단 활용입니다.

어	제1형	제2형	제3형	제4형
せる	せ	せ	せる	せれ
させる	させ	させ	させる	させれ

　「せる」는 4단 활용의 제1형에 붙고 「させる」는 그 외의 활용의 제1형에 붙습니다.

　이하 각 형태의 용례를 들어보겠습니다.

(2) 弟には まだ 平假名を 書かせない。(제1형)
　　食事で なければ 御飯は 食べさせない。(제1형)

(3) 來月から 弟に 平假名を 書かせよう。(제1형)
　　子供たちに すぐ 夕飯を 食べさせよう。(제1형)

　위와 같이 제1형은 (2) 「ない」를 붙여 부정을 나타내고 (3) 조동사 「よう」([67] 참조)를 붙여서 화자의 의지를 나타낼 때 사용합니다.

(4) 私は 弟に 平假名を 書かせます。(제2형)

   子供たちには 六時に 夕飯を 食べさせます。(제2형)

(5) 私は 弟に 平假名を 書かせた。(제2형)

   昨晩は 子供たちに 七時に 夕飯を 食べさせた。(제2형)

(6) 弟には 平假名を 書かせて、妹には 平假名を 書かせました。
   (제2형)

   子供たちには 六時に 夕飯を 食べさせて、大人は 七時に 食べ
   ます。(제2형)

위와 같이 제2형은 「ます」「た」「て」를 붙여서 말할 때 사용합니다.

(7) 私は 弟に 書かせる 文字を 選びました。(제3형)

   子供たちは 食べさせる 菓子を 買ひました。(제3형)

(8) 中村さんは 太郎君に 平假名を 書かせるでせう。[書かせる
   だらう](제3형)

   五時に 夕飯を 食べさせると、少し 早過ぎませう。(제3형)

   弟には 片假名を 書かせるが、平假名は まだ 書かせません。
   (제3형)

   子供たちに 夕飯を 食べさせるから、呼んで お出でなさい。
   (제3형)

위와 같이 제3형은 뒤에 오는 명사로 이어지거나((7) 참조), 아래에
「でせう」「だらう」「と」「が」「から」 등을 붙여 말할((8) 참조) 때 사용합
니다.

더불어 제3형은 문말에 사용하는데 그 예는 앞서 (1)에서 제시하였
습니다.

(9) 太郎に 片假名を 書かせれば、上手に 書きます。(제4형)

六時に 子供たちに 夕飯を 食べさせれば、その 後は 忙しくて
は ありません。(제4형)

위와 같이 제4형은 뒤에 「ば」를 붙여서 말할 때 사용합니다.

▌주의

「する」에 「させる」를 붙이면 「しさせる」가 되지만, 보통은 다음과 같
이 단순히 「させる」라고 합니다.

妹に 室の 掃除を させる。(제3형)
弟に 平假名を 勉強させます。(제2형)

연습 37

* 다음의 각 조합의 어를 이어서 말해보세요.

(1) 燒く、せる。　　　　(2) 入れる、させる。

(3) 投げる、させる。　　(4) 進む、せる。

(5) 見る、させる。　　　(6) 來る、させる。

(7) 讀む、せる。　　　　(8) 捨てる、させる。

(9) 泳ぐ、せる。　　　　(10) 出す、せる。

연습 38

* 다음의 동사에 조동사 「せる」「させる」를 붙여 보세요.

考へる　急ぐ　　積む　鳴く　　立つ　　運ぶ

起きる　閉ぢる　買ふ　用ひる　育てる　作る

はいる　乘る　　ゐる　飮む　　光る　　受ける

제6절 「たい」

[63]

今日は ゆっくり 休み<u>たい</u>。(제3형)

私も 何か 食べ<u>たい</u>。(제3형)

위의 「休みたい」「食べたい」는 4단 활용의 동사 「休む」의 제2형,
하1단 활용의 동사 「食べる」의 제2형에 조동사 「たい」가 붙은 것입니다.
이처럼 「たい」는 동사의 제2형에 붙여서 희망의 의미를 나타낼 때
사용합니다. 이 때의 활용은 제1종 형용사와 동일합니다. ([35] 참조)

어	제1형	제2형	제3형	제4형	제5형
たい	た<u>から</u>(う)	た<u>く</u>	た<u>い</u>	た<u>けれ</u>(ば)	た<u>かっ</u>(た)

위의 각 형태의 용법도 제1종 형용사와 대체로 동일합니다.
([36-40] 참조). 이하 용례를 제시합니다.

私も 休み<u>たく</u> なりました。(제2형)

私は 休み<u>たく</u>は ありません。(제2형)

私は 休み<u>たく</u> ない。(제2형)

休み<u>たい</u> 時は、休むが よい。(제3형)

子供たちも 休み<u>たい</u>でせう。[休み<u>たい</u>だらう](제3형)

私も 休み<u>たい</u>が、今日は 休みません。(제3형)

私は 休み<u>た</u>いから、今日は うちにゐます。(제3형)

あなたも 休み<u>たければ</u> お休みなさい。(제4형)

昨日は 私も 休み<u>たかっ</u>た。(제5형)

▌주의 1

제1형인 「たから」에는 「う」가 붙어 예를 들면 「弟も休み<u>たから</u>う」와 같이 되고 弟가 쉬고 싶어 하는 것을 추량한다는 의미를 나타냅니다. 담화에서는 이러한 표현은 그다지 많이 사용하지 않으며 제3형에 「でせう」「だらう」를 붙인 「休み<u>たい</u>でせう(だらう)」를 사용하는 것이 일반적입니다.

▌주의 2

「本を買ふ」「お茶を飲む」처럼 「を」와 함께 사용하는 동사에 「たい」가 붙으면 「を」는 「が」가 되기도 합니다.

私は 本<u>を</u>[が] 買ひ<u>たい</u>。

私も お茶<u>を</u>[が] 飲み<u>たい</u>。

연습 39

• 다음의 각 조합의 어를 이어서 말해보세요.

(1) 書きたい、た。　　　　　　(2) 讀みたい、なる。

(3) 見たい、ば。　　　　　　　(4) 食べたい、ない。

(5) 乘りたい、が。　　　　　　(6) 居たい、人。

(7) 着る、たい、でせう。　　　(8) 行く、たい、ない。

(9) 勉强する、たい、た。　　　(10) 歸る、たい、ば。

(11) 歌ふ、たい、ありません。

제7절 「た」(だ)

64

(1) もう 日が 暮れた。(제3형)

　　昨晩は 九時まで 勉强した。(제3형)

위의 「暮れた」는 하1단 활용의 동사 「暮れる」의 제2형 「暮れ」에
조동사 「た」가 붙어 「暮れる」가 완료(完了)하였다는 의미를 나타내며
「勉强した」는 サ변의 동사 「勉强する」의 제2형 「勉强し」에 조동사

「た」가 붙어 「勉強する」에 과거(過去)의 의미를 부여한 것입니다. 이처럼 「た」는 동사에 붙어 완료 혹은 과거의 의미를 나타낼 때 사용합니다.

「た」는 위와 같이 동사의 제2형에 붙지만, 4단 활용에는 제5형이 붙습니다. 이 경우 아래와 같이 「だ」가 되는 것도 있습니다. ([29] 참조)

泳ぐ、た ― 泳いだ。
脱ぐ、た ― 脱いだ。
死ぬ、た ― 死んだ。
飲む、た ― 飲んだ。
飛ぶ、た ― 飛んだ。

▎주의 1

4단 활용에서도 「貸す, 出す, 動かす」 등과 같이 「す」로 끝나는 동사에는 「た」가 제2형에 붙어,

貸した。 出した。 動かした。

와 같이 말합니다. ([29]의 (주의2) 참조)

「た」의 활용은 다음과 같습니다.

어	제1형	제2형	제3형	제4형
た	たら(う)	○	た	たら

제2형의 자리의 ○은 활용형이 없음을 나타냅니다.

여기서 제1형과 제4형은 동일하게 「たら」이며 제2형은 없습니다.
이하 각 형태의 용례를 들어보도록 하겠습니다.

(2) 月は もう 出たらう。「タロオ」(제1형)

　　昨日 山の 方に 雨が 降ったらう。「タロオ」(제1형)

　　太郎も あの 本を 讀んだらう。「タロオ」(제1형)

이처럼 제1형은 조동사 「う」를 붙여 추량하여 말할 때 사용합니다.

▌주의 2

위의 (2)와 같은 경우에 담화에서는 제3형에 「でせう」「だらう」를 붙여,

　　月は もう 出たでせう。[出ただらう]

　　雨が 降ったでせう。[降っただらう]

　　本を 讀んだでせう。[讀んだだらう]

와 같이 말하는 것이 일반적입니다.

(3)　月の 出た 時に、私は 海岸に ゐました。(제3형)

　　　雨の 降った 山の 方から 雲が 飛んで 來た。(제3형)

　　　それは 太郎が 昨日 讀んだ 本です。(제3형)

(4) 月は 出たが あまり 明るく ない。(제3형)

　　雨が 降ったから 木の 葉が ぬれてゐる。(제3형)

　　その 本は 讀んだから あなたへ 上げませう。(제3형)

이와 같이 제3형은 뒤의 명사로 이어지는 경우에 사용하며((3) 참조),
「が」「から」 등을 뒤에 붙여 말할 때((4) 참조)도 사용합니다.

또한 제3형을 문말에 사용하는 것은 (1)의 예를 보면 알 수 있으며,
「でせう」「だらう」를 붙여 사용하는 것은 (2)의 (주의 2)에서 설명한
바입니다.

(5) 月が 出たら[ば] 私に 知らせて 下さい。(제4형)

　　雨が 降ったら[ば] 子供たちは 歸って 來るでせう。(제4형)

　　本を 讀んだら[ば] 私の 室へ お出でなさい。(제4형)

이와 같이 제4형은 「ば」를 붙여 가정해서 말할 때 사용합니다.
단, 담화에서는 「ば」를 생략해서 사용하는 것이 일반적입니다.

▌주의 3

제4형은 다음과 같이 사용하기도 합니다.

　昨日 海岸へ 行ったら[ば] 中村君に 逢ひました。

　急いで 歸ったら[ば]、苦しく なった。

위의 「海岸へ行ったら[ば]」는 中村君을 만난 경우를 나타내며, 「急
いで歸ったら[ば]」는 고통스러워진 원인을 나타내고 있습니다. 이 경
우에도 담화에서는 「ば」를 붙이지 않는 것이 일반적입니다.

연습 40

• 다음의 각 조합의 어를 이어서 말해보세요.

(1) 流す、た。　　　　　(2) 見る、た。

(3) 流れる、た。　　　　(4) 來る、た。

(5) 命ずる、た。　　　　(6) 書く、た。

(7) 泳ぐ、た。　　　　　(8) 打つ、た。

(9) 買ふ、た。　　　　　(10) 呼ぶ、た。

(11) 踏む、た。　　　　　(12) 乘る、た、人。

(13) 歌ふ、た、ば。　　　(14) 賣る、た、でせう。

(15) 有る、た、う。　　　(16) 勉强する、た、が。

(17) 見る、た、から。　　(18) ゐる、た、ば。

(19) 讀む、た、新聞。　　(20) 倒れる、た、だらう。

제8절 「だ」「です」

10

(1) あれは 富士山だ。(제3형)

會場は 此處だ。(제3형)

위의 「富士山だ」「此處だ」는 명사 「富士山」, 대명사 「此處」에 조동
사 「だ」가 붙고 「あれ」는 무엇인가, 「會場」은 어디인가에 대해 서술
하고 있습니다. 이처럼 「だ」는 명사·대명사에 붙어 이들을 술어(述
語)로 만드는 조사(助詞)입니다.

어	제1형	제2형	제3형	제4형	제5형
だ	だら(う)	で	た	なら	だっ(た)

「だ」의 활용은 위와 같습니다.

다시 말해 제2종 형용사의 활용([41] 참조)과 유사하나 제2형·제3
형과는 다른 면이 있습니다. 이하 각 형태의 주요 용법에 관해 기술하
겠습니다.

(2) あれは 富士山だらう。「ダロオ」(제1형)

會場は 此處だらう。「ダロオ」(제1형)

위와 같이 제1형은 조동사 「う」를 붙여 추량해서 말할 때 사용합니다.

위의 「だらう」는 한 단어처럼 사용되어 명사·대명사 외에 동사·형용사·동사의 제3형에도 붙어 추량의 의미를 나타냅니다. ([30]의 (ろ), [38]의 (は), [59][61][63][64]의 (주의2) 참조)

机は 室の 中に あるだらう。(동사에)
この 本は 面白いだらう。(제1종 형용사에)
今日も 雨が 降らないだらう。(조동사에)
太郎は 今日も また ほめられるだらう。(상동)
次郎も 一緒に 行きたいだらう。(상동)
繪は もう 終わっただらう。(상동)

▌주의 1

「だらう」를 정중하게는 「でせう」라고 합니다. ([66] 참조)

(8) あれは 富士山で[は] ない。(제2형)
    會場は 此處で[は] ない。(제2형)

위와 같이 제2형은 「ない」를 붙여서 부정(打消)을 나타낼 때 사용합니다. 이 경우 「で」 뒤에 「は」를 붙이는 것이 일반적입니다.

▌주의 2

위의 「で、ない」를 정중하게 말할 때는 다음과 같이 「で、ありません」
「で、ございません」를 사용합니다.

> あれは 富士山では ありません。(ございません)
>
> 會場は 此處では ありません。(ございません)

> (4)　あれは 富士山で 一番 美しい 山です。(제2형)
>
> 　　　 會場は 此處で、控所は あちらに あります。(제3형)

위 (4)의 예와 같이 제2형은 말을 끝맺지 않고 계속 이어갈 때 사용
합니다.

> (5)　あれは 富士山だが、今日は ぼんやり 見える。(제3형)
>
> 　　　 會場は 此處だから、おはいりなさい。(제3형)

위와 같이 제3형은 「が」「から」 등을 붙여서 말할 때 사용합니다.
또한 제3형이 문말에서 사용됨은 (1)의 예로도 알 수 있으므로 여
기서는 자세한 설명은 생략합니다.

> (6)　あれが 富士山なら[ば]、もっと よく 見ませう。(제4형)
>
> 　　　 會場は 此處なら[ば] すぐに はいりませう。(제4형)

위와 같이 제4형은 「ば」를 붙여 가정하여 말할 때 사용합니다. 단,

담화에서는 이 경우 「ば」를 붙이지 않는 것이 일반적입니다.

(7)　さっき 見えたのは 富士山だった。(제5형)

　　　先月の 會場は 此處だった。(제5형)

이상과 같이 제5형은 조동사 「た」를 붙여 과거를 나타낼 때 사용합
니다.

66

「だ」의 제1형·제3형 그리고 제5형에는 정중한 의미를 포함한 특별한
형태로 다음과 같이 사용합니다.

　　あれは 富士山でせう。「デショオ」ー(富士山だらう。제1형)

　　會場は 此處でせう。「デショオ」ー(此處だらう。제1형)

　　あれは 富士山です。ー(富士山だ。제3형)

　　會場は 此處です。ー(此處だ。제3형)

　　あれは 富士山でした。ー(富士山だった。제5형)

　　會場は 此處でした。ー(此處だった。제5형)

	제1형	제3형	제5형
보통의 형태	だら(う)	だ	だっ(た)
정중한 형태	でせ(う)	です	でし(た)

위의 정중한 형태는 담화에서 많이 사용합니다.

▮주의 1

구어문에서는 위의 제1형·제3형 그리고 제5형에 상당하는, 다음과 같은 표현이 있습니다.

> あれは 富士山<u>であ</u>らう。「デアロオ」ー(富士山<u>だら</u>う。제1형)
> あれは 富士山<u>であ</u>る。ー(富士山<u>だ</u>。제3형)
> あれは 富士山<u>であ</u>った。ー(富士山<u>だっ</u>た。제5형)

즉「た」의 제2형「で」에 4단 활용의 동사「ある」를 붙여 사용한 것입니다. 이를 표로 만들어 제시하자면 다음과 같습니다.

제1형	제3형	제5형
だら(う)	だ	だっ(た)
で、あら(う)	で、ある	で、あっ(た)

┃주의 2

위의 「である」를 정중하게 말하기 위해 강연(講演) 등에서는 다음과
같이 「ます」를 붙여 「であります」라고도 합니다.

あれは 富士山であります。

하지만 담화에서는 일반적으로 이러한 표현 대신에 「あれは富士山
です。」의 「です」를 사용하며, 좀 더 정중의 의미를 강조하기 위해서
는 다음과 같이 「でございます」를 사용합니다.

あれは 富士山でございます。

━━━━━ **연습 41** ━━━━━

• 각 조합의 어를 이어서 말해보세요.

(1) これは中村の帽子だ、う。

(2) これは中村の帽子だ、た。

(3) 中村の帽子はこれです、た。

(4) あれは田中の帽子です、た。

(5) 面白い本だ、ば、買ひませう。

(6) それは面白い本だ、ない。

(7) これは私の本だ、ありません。

(8) あれは何だ、う。

(9) あれは雲です、う。

(10) 昨日歌ったのはどなたです、た、か。

─── **연습 42** ───

• 다음의 문에 「でせう」「だらう」를 사용하여 추량의 의미를 덧붙이시오.

(1) 級長は中村君です。

(2) 太郎のかいた繪はこれだ。

(3) 午後雨が降る。

(4) 中村君もぢきに來る。

(5) 山の上は寒い。

(6) 中村君はうちにゐない。

(7) 太郎も行きたい。

제9절 「う」「よう」

67

「う」「よう」는 의지나 추량을 나타낼 때 사용하는 조동사이며 어형(語形)의 변화 없이 다음과 같이 사용합니다.

(1) 私は 新聞を 讀まう。「ヨモオ」

私も 明日から 早く起き<u>よう</u>。「オキヨオ」

私も 散歩をし<u>よう</u>。「シヨオ」

私は お茶を 飲みませ<u>う</u>。「マショオ」

위와 같이 「う」「よう」는 화자의 동작을 나타내는 동사에 붙어 화자의 의지를 나타냅니다. ([27] 참조)

(2)　外は 暗から<u>う</u>。「クラカロオ」

そんな 事も あら<u>う</u>。「アロオ」

庭には 誰か ゐ<u>よう</u>。「イヨオ」

午後には 晴れ<u>よう</u>。「ハレヨオ」

위와 같이 「う」「よう」는 화자가 무언가를 추량할 때 사용합니다.

┃주의

담화에서는 위의 경우, 「です」「だ」의 제1형에 「う」가 붙은 「でせう」「だらう」를 사용하는 것이 보통입니다. ([66] 참조)

外は 暗いでせう。[だらう]

そんな 事も あるでせう。[だらう]

庭には 誰か ゐるでせう。[だらう]

午後には 晴れうでせう。[だらう]

「う」「よう」는 문말에 사용하는 것이 일반적이나, 다음과 같이 「が」
「から」 등을 붙여 이어서 말할 때 사용합니다.

(3) 少しは 苦しからうが[苦しだらうが]、がまんなさい。

　　　海は靜だらうから、船で行きませう。

　　　午後には 晴れようから[晴れるだらうから]、待って 見よう。

「う」「よう」는 동사・형용사의 제1형에 붙으며 「う」가 붙는 어에는
「よう」는 붙지 않습니다. 다시 말해 「う」는 동사의 4단 활용과 형용
사의 제1형에 붙으며 「よう」는 그 외의 활용의 제1형에 붙습니다.

讀ま (4단, 讀む)　　　　　　　見 (상1, 見る)
廣から (형용, 廣い)　　 う　　受け(하1, 受ける)　よう
靜かだら (형용, 靜かだ)　　　こ 　(力변, くる)

「う」는 조동사 「ます」「たい」「た」「だ」의 제1형에 붙으며, 「よう」는
「れる」「られる」「せる」「させる」의 제1형에 붙습니다.

歌ひませ (ます)　　　　　笑はれ (れる)

歌ひだから (たい)　　　　ほめられ (られる)
　　　　　　　　　　う　　　　　　　　　　　よう
歌ったら (た)　　　　　　讀ませ (せる)

學校だら (だ)　　　　　　捨てさせ (させる)

연습 43

• 다음의 각 조합의 어를 이어서 말해보세요.

(1) あそこには私が行く、う。

(2) 荷物は私が待ちます、う。

(3) 來月旅行をする、よう、と思ひます。

(4) 私は外へ出る、よう、と思って、立上がりました。

(5) それがよい、う。

(6) その箱は丈夫だ、う。

(7) 友達が待ってゐる、よう、から、私はすぐに出かけます。

(8) 太郎も出かける、よう、としてゐます。

제11장

조사(助詞)

68

美しい 花が 咲い<u>て</u> ゐます。

弟<u>は</u> 今朝 五時<u>に</u> 起きて 本<u>を</u> 讀みました。

위의 「が」「て」「は」「に」와 「を」와 같이 다른 어의 뒤에 붙어 어와 어의 관계를 나타내는 동시에 일정한 의미를 덧붙이는 어를 「조사(助詞)」라고 합니다.

조사는 반드시 다른 어의 뒤에 붙여 사용합니다. 그리고 활용은 하지 않습니다.

이하 조사 중 주요한 것에 대해 설명하도록 하겠습니다.

69 「が」

「が」에는 크게 3가지 용법이 있습니다.

(い)

それは 何ですか。

本は どこに ありますか。

これは 田中さんの 帽子でせうか。

위와 같이 「か」는 의문(疑問)을 나타낼 때 사용합니다.

(ろ)

隣の 室に 誰か ゐるやうです。

弟は 何處かへ 遊びに 行きました。

私も いつか 東京へ 行きたいと 思ひます。

위와 같이 「か」는 의문의 어에 붙어 부정(不定)의 의미를 나타낼 때 사용합니다.

(は)

畑には 父か 兄か をります。

兄は 毎日 五時か 五時半に 起きます。

紅茶か コーヒーを 下さい。

위와 같이 「か」는 어를 병렬로 늘어놓은 후 선택한다는 의미를 나타낼 때 사용합니다. 이 경우 다음과 같이 병렬로 늘어놓은 마지막 어에도 「か」를 붙입니다.

机の 上には 本が 五冊か 六冊か ありました。

┃주의

(い)의 「が」는 다음과 같이 사용할 수도 있습니다.

そんな 時に 遊んで ゐられるものか。
そんな ことが 言へるものですか。

위의 「ゐられるものか」「言へるものですか」는 「ゐられる」「言へる」
의 부정, 즉 「ゐられない」「言へない」라는 의미를 나타냅니다. 이 경
우 「が」는 「もの」「ものです」에 붙는 것이 일반적입니다.

70 「が」와 「けれども」「けれど」

「が」에는 다음과 같은 용법이 있습니다.

(い)
日が 出ました。
飛行機が 飛んで 來ました。
今度は 私が 歌ひませう。

위와 같이 「が」는 주어를 나타냅니다.

(ろ)

私は お茶が 飲みたい。

あなたは 繪本が ほしいのですか。

僕も 繪が 好きだ。

弟は 酒が 嫌ひです。

위와 같이 「が」는 바람(望み), 취향(好み), 그리고 그 반대의 어에 대해 그 대상이 되는 사물을 나타낼 때 사용합니다.

(は)

(1)　中村は 本は 買ふが(けれども)、あまり 讀まない。

風が ないが(けれども)、波が 高い。

空に 雲が あったが(けれども)、雨は 降らなかった。

(2)　私は 繪が 好きですが、弟も 好きです。

中村は 私の 友達ですが、なかゝ よい 人です。

その 花は 色も 美しいが、また 形も 大變 いい。

이상과 같이 「が」는 동사·형용사·조동사의 제3형에 붙여 전후를 연결시킬 때 사용합니다. 이에 (1)과 같이 전후의 의미가 조응(照應) 하지 않는 경우에는 「が」 대신에 「けれども」를 사용하기도 합니다.

71 「から」「まで」와 「ので」

(い)

今朝 八時<u>から</u> 勉強を 始めました。

昨晩は 九時<u>まで</u> 勉強しました。

　위와 같이 「から」는 기점(基點)을 나타내며 「まで」는 도달하는 점을 나타냅니다. 이러한 「から」「まで」를 다음과 같이 동시에 사용하여 범위를 명확히 하는 것이 가능합니다.

　昨日は 第五頁<u>から</u> 第十頁<u>まで</u> 讀みました。

　日本では 三月<u>から</u> 五月<u>まで</u>が 春で 六月<u>から</u> 八月<u>まで</u>が 夏です。

　東京<u>から</u> 大阪<u>まで</u>は 五百五十粁ばかり あります。

(ろ)

友達が 待って ゐる<u>から</u> 早く 行かう。

あまり 暑い<u>から(ので)</u> 途中で しばらく 休みました。

さっき 雨が 降った<u>から(ので)</u>、かう 涼しいのです。

　위와 같이 「から」는 동사, 형용사, 조동사의 제3형에 붙여 이유·원인을 나타낼 때 사용합니다. 이 경우 「から」 대신에 「ので」를 사용할 수 있습니다.

72 「さへ」

(い)

忙しくて 御飯さへ ゆっくり 食べて ゐられない。

うちにばかり 居て 隣に さへ 行かない。

위와 같이 「さへ」는 하나의 사건을 들어 다른 것을 유추(類推)하게
할 때 사용합니다.

(ろ)

そばに みて ゐた 私さへ 悲しく なりました。

そんな ことを いふと、子供にさへ 笑はれますよ。

(は)

雨さへ 降らなければ、明日 出かけませう。

弟は 汽車のおもちゃさへ あれば、一人で 遊んで ゐます。

위와 같이 「さへ」는 그것에만 한정되고 다른 것을 고려하지 않는다
는 의미를 나타냅니다. 이는 상당한 비율로 조건의 문에 등장합니다.

73 「しか」

「あの 町には 小學校も 中學校も ありますか。」「いゝえ、小學校しか
ありません。」

　위의 「小學校しかありません」은 「있는 것은 小學校뿐이다」라는 의미를 나타냅니다. 다시 말해 「しか」는 부정의 어와 함께 사용되어 긍정(肯定)의 의미를 나타내게 됩니다.

　다음의 예도 동일합니다.

　私は 日本語しか 知りません。
　中村は蜜柑しか 食べなかった。
　途中に 三人しか 遇はなかった。
　正月までは 十五日しか 無い。
　東京には 一度しか 行った ことが 無い。

74 「だけ」

「だけ」의 주된 용법은 다음과 같습니다.

　中村だけは そんな 事は しないだらう。
　田中へだけ 電報を 知らせませう。
　曇って ゐるだけで、雨は 降りませんでした。
　私を 見て ゐるだけで、手傳はなかった。
　この 果物は 色が 美しいだけで おいしくは ありません。

　위와 같이 「だけ」는 그것으로 한정된 의미를 나타낼 때 사용하는 것이 일반적이지만, 다음과 같이 한도(限度)를 나타낼 때도 사용합니다.

荷物は 手に 持てる<u>だけ</u> 持って 下さい。

歩ける<u>だけ</u>は 歩きませう。

旅行に いる<u>だけ</u>の 物は もう 買ひました。

出來る<u>だけ</u> がまんなさい。

言いたい<u>だけ</u>の ことは、言はせるが いい。

75 「たり」

「たり」는 병렬하여 나열할 때 사용하는 조사로 접속 방법은 「た」「て」와 동일합니다([28][29] 참조). 다시 말해 동사·형용사, 그리고 일부 조동사의 제2형 또는 제5형에만 붙습니다. 제5형에 붙으면 「だり」가 되기도 합니다.

昨日は 映畫を 見<u>たり</u> 音樂を 聞い<u>たり</u> しました。

大きな 聲で 歌っ<u>たり</u> 騒い<u>だり</u> しました。

鉛筆を 買っ<u>たり</u> 紙を 買っ<u>たり</u> いろいろ 買った。

集まる 者が 多かっ<u>たり</u> 少なかっ<u>たり</u> きまって ゐません。

山の 上は 晴れ<u>たり</u> 曇っ<u>たり</u>でした。

病人は 機嫌が よかっ<u>たり</u> わるかっ<u>たり</u>です。

76 「て」

「て」는 동사·제1종 형용사, 그리고 일부 조동사의 제2형, 또는 제5형
에 붙여 다음과 같이 사용합니다. 제5형에 붙으면 「で」가 되기도 합
니다. ([29] 참조)

(い)
今朝は 五時に 起きて、六時に うちを 出ました。
午前に 五頁まで 讀んで 午後に 十頁まで、讀みました。
あまり 暑くて、外へは 出られません。
中村も 先生に ほめられて、たいへん 喜びました。

위와 같이 「て」는 말을 끝맺지 않고 뒤로 계속 이어 말할 때 사용합
니다.

(ろ)
まだ 降って ゐる。
繪は 午前中は 書いて しまひました。
紙は 昨日 買って おきました。
机は 隅に 寄せて あります。
これを 見て 下さい。
繪を 書くと いつも 先生に 見て いただきます。
荷物は 私が 持って あげませう。

위와 같이 「て」는 동사와 동사 사이에 두고 이들을 하나의 어처럼 연결할 때 사용합니다.

77 「で」

「で」는 주로 명사·대명사에 붙여 다음과 같이 사용합니다.

(い)
兄は へやで 本を 讀んで ゐます。
私は 途中で 中村に 逢ひました。
うちから 學校までは 十五分で 行けます。
あの 仕事は 十日で 仕上げました。

위와 같이 「で」는 동작이 이루어지는 장소·소요(所要) 시간을 나타 낼 때 사용합니다.

(ろ)
ペンで 書いた 文章。
その 紐は 鋏で 切って 下さい。
妹は 紙で 人形を こしらべました。
これは 小麥粉で 造った 菓子です。

위와 같이 「て」는 수단, 재료를 나타낼 때 사용합니다.

(は)

昨日は 病氣で 休みました。

今日の 遠足は 雨で やめました。

試驗の 準備で たいへん 忙しいのです。

あの 人は 努力で 成功したのです。

위와 같이 「て」는 원인, 이유를 나타낼 때 사용합니다.

┃주의

다음과 같이 사용하는 「で」는 조동사 「だ」의 제2형입니다. ([65] 참조)

兄は 軍人で、弟は 實業家です。

あれは 海では ありません。

78 「ても」(でも)와 「とも」

「ても」는 동사·제1형 형용사와 일부 조동사의 제2형, 또는 제5형에 붙습니다. 제5형에 붙으면 「でも」가 되기도 합니다.

「ても」는 모든 경우에 다음과 같이 어떤 사태를 말하고 그것에 구속되지 않는다는 의미를 나타냅니다.

(い)

太郎は 疲れても、疲れたとは 言はないでせう。

その 本は 誰が 讀ん<u>でも</u> よく 分からないでせう。
外は 暑く<u>ても</u>、出かけませう。
次郎は 叱られ<u>ても</u> 平氣でせう。

위와 같이 「ても」는 어떤 사태를 가정하여 그것을 조건으로 말할 때 사용합니다.
이처럼 가정에는 「とも」 또는 「と」를 사용하기도 합니다.

友達が 内を 言はう<u>とも(と)</u>、氣にかけては いけません。
中村君が どう しよう<u>とも(と)</u> 平氣で ゐるが いい。

(ろ)
子供たちは 日が 暮れ<u>ても</u> 歸らうと しなかった。
たびたび 呼ん<u>でも</u> 返事が なかった。
何處を さがし<u>ても</u>、中村さんは 見えませんでした。

위와 같이 「ても」는 과거(過去)의 사태를 나타낼 때 사용하기도 합니다. 이 경우 「だけれども」의 의미가 됩니다.

79 「と」

「と」는 다음과 같이 사용합니다.

(い)

あの へやには 太郎と 次郎が ゐます。

私は 東京と 横濱に 泊りました。

飛行機は 朝と 晩と 二度 飛んで 來ました。

위와 같이 「と」는 병렬하는 어 사이에 사용합니다. 이 경우 병렬하는 마지막 어에도 「と」를 붙일 수 있습니다.

(ろ)

弟は 妹と 遊んで ゐます。

私は 弟と 叔父の うちへ 參りました。

武田君が 中村君と 議論を して ゐます。

위와 같이 「と」는 동작의 상대를 나타낼 때 사용합니다.

(は)

あれは 富士山と いふ 山です。

私は 中村と 申す もので ございます。

あのかたが 武田さんと おっしゃる かたです。

위와 같이 「と」는 사물의 이름을 나타낼 때 사용합니다.

(に)

私も 武田君は りっぱな 人だと 思ひます。

弟は 「そんな ことは 無い。」と 言ひました。

「あなたは どなたですか。」と 尋ねたら「春山太郎です。」と 答へた。

위와 같이 「と」는 「思ふ」「言ふ」 등의 내용을 나타낼 때 사용합니다.

(ほ)
始が よいと 終も よい。
つらい ことも 慣れると つらく なく なる ものです。
妹は 笑はれると、すぐ 泣き出します。

위와 같이 「と」는 조건을 나타낼 때 사용합니다. 이 경우 「と」는
동사·형용사·일부 조동사에만 붙습니다.

(へ)
昨日は 日が 暮れると、急に 涼しく なりました。
太郎は 私を 見ると、大急ぎで かけて 來ました。
今朝 海岸に 行くと、大きな 船が 見えました。

위와 같이 「と」는 뒤에 기술한 사태가 어떤 경우에 일어났는가를
나타낼 때 사용합니다.

80 「な」

もう 泣くな。

そんな 物は 二度と 見るな。

人の いやがる ことは するな。

子供たちに そんな ことは 食べさせるな。

위와 같이 「な」는 동사·일부 조동사의 제3형에만 붙여서 그 동작을 금지시킬 때 사용합니다.

| 주의

위의 「な」를 이용한 표현에는 정중한 의미가 없습니다. 담화에서 금지의 의미를 나타낼 때에는 정중한 의미를 포함한 「ては、いけません」를 사용합니다.

そんな ものを 見てはいけません。

人の いやがる ことを してはいけません。

子供たちに そんな 物を 食べさせてはいけません。

81 「に」

「に」는 주로 명사·대명사에 붙여서 다음과 같이 사용합니다.

(い)

山の 下に 家が あります。

父は 庭に をります。

新聞は こゝには 無い。

中村さんも 東京に 住んで をります。

先生の 御話は 八時に 始まって 九時に 終わりました。

兄も 夕方には 歸りませう。

武田さんは 來月三日に 御出發なさるさうです。

위와 같이 「に」는 장소·때를 나타낼 때 사용합니다.

(ろ)

武田君が 級長に なるでせう。

田中さんは、長男を 軍人に すると 申します。

會場は 講堂に 變りました。

이처럼 「に」는 변화(化成)의 결과를 나타낼 때 사용합니다.

(は)

これは 洗濯に 使ふ シャボンです。

私は 買物に 行きます。

友達が 私を 迎へに 來ました。

太郎を 呼んで 様子を 見に やりませう。

위와 같이 「に」는 동작의 목적을 나타낼 때 사용합니다.

(に)

生徒に 校歌を 歌はせませう。

女中に 窓を あけさせる。

위와 같이 「に」는 사역(使役)의 서술에서 피사역자(被使役者)를 나
타냅니다. 다시 말해 위의 문에서 「歌ふ」「あける」와 같은 동작의 피
사역자는 「生徒」와 「女中」입니다.

(ほ)

中村君は いつも 先生に ほめられます。

私は 叔父に 育てられました。

위와 같이 「に」는 수동의 서술에서 그 동작을 행하는 자를 나타냅
니다. 즉 위의 문에서 「ほめる」「育てる」와 같은 동작을 하는 자는 「先
生」와 「叔父」입니다.

(へ)

この 町は 海に 遠い。

私の 家は 學校に 近い。

太郎は 母に よく 似て ゐます。

위와 같이 「に」는 「遠い」「近い」「似る」 등의 기준을 나타낼 때 사용
합니다.

82 「の」

「の」에는 다음과 같은 용법이 있습니다.

(い)

太郎<u>の</u> 帽子。あなた<u>の</u> 本。私<u>の</u> 鉛筆。學校<u>の</u> 門。机<u>の</u> 上。室<u>の</u> 外。あそこ<u>の</u> 山。

위와 같이 「の」는 다른 어를 붙여서 뒤에 오는 명사에 대한 수식어를 만들 때 사용합니다.

이러한 「の」의 뒤에 오는 명사는 다음과 같이 생략되기도 합니다.

この 帽子は あなた<u>の</u>(帽子)ですか。

今日の 映畫は 昨日<u>の</u>(映畫)よりも面白い。

生徒たち<u>の</u> 讀む 本は これです。

雨<u>の</u> 降り出した 時は、何處に をりましたか。

山の 下に 水<u>の</u> きれいな 川が あります。

위와 같이 「の」는 주어에 붙기도 합니다.

이 경우의 주어(生徒たち・雨・水)에 대한 술어(讀む・降り出した・きれいな)는 뒤의 명사(本・時・川)로 이어지는 것이 일반적입니다.

▌주의

위의 경우 술어가 뒤에 이어지지 않을 때는 주어 뒤에「が」를 붙이는
것이 일반적입니다. ([70]의 (い) 참조)

(は)

お茶の 飲みたい かたは、こちらへ お出でなさい。

繪本の ほしい かたには、これを 上げませう。

お菓子の 嫌ひな 子供は、多くは ありません。

위와 같이 「の」는 바람(望み), 기호(好み), 그리고 그 반대의 어에
대해 그 대상이 되는 사물을 나타낼 때 사용합니다. 이 경우에도 술어
뒤에 명사가 이어집니다. [(술어 뒤에 명사가 이어지지 않을 때는「が」를
붙이는 것이 일반적입니다. [70]의 (ろ) 참조)]

(に)

あそこに ゐるのは 誰ですか。

太郎の 買ったのは 何でせう。

弟の 泣くのに 困りました。

この 本の むづかしいのには 驚きました。

私は 笑ひたいのを こらへて ゐた。

위와 같이 「の」는 동사·형용사 혹은 이들과 조동사의 결합 뒤에
오며 이들에 명사의 자격을 부여할 때 사용합니다. 즉 위의「ゐるの」
「買ったの」「泣くの」「むづかしいの」「笑ひたいの」는 각각「ゐる人」

「買った物」「泣くこと」「むづかしいこと」「笑ひたいこと」라는 의미입
니다.

83 「のに」

私が 丁寧に 教へる<u>のに</u>、太郎は 覺えようとも しない。

外は 暑い<u>のに</u>、子供たちは 平氣で 遊んで ゐる。

私が とめた<u>のに</u>、太郎は 外へ 出て 行った。

次郎は 映畫が 好きな<u>のに</u>、近頃は 少しも 見ない。

위와 같이 「のに」는 동사·형용사 그리고 조동사의 제3형에만 붙여
그것에 구애받지 않는다는 의미를 나타낼 때 사용합니다.

84 「は」

「は」는 특히 강조(取り立て)해서 말할 때 사용하는 조사로 여러 용법
이 있습니다. 이 중 대표적인 것은 다음과 같습니다.

(い)

鐵<u>は</u> 堅い。

象<u>は</u> おだやかな 動物です。

海の 水<u>は</u> しほからい。

日本語<u>は</u> おづかしくは ありません。

　위와 같이 사물의 성질을 설명하는 경우 이들 사물을 주어로 하고 「は」를 붙이는 것이 일반적입니다.

(ろ)

私は 歸りますが、あなたは どう なさいますか。

世の 中に 人は 多いが、えらい 人は 少い。

東京には 海が あるが、京都には 無い。

兄は コーヒーが 好きで、弟は 紅茶が 好きです。

　위와 같이 「は」는 둘 이상의 것을 대조(對照)하여 거론할 때 사용합니다.

(は)

(雨は) 今 降っては ゐません。

(私は) 酒は 飲みません。

あそこも あまり 涼しくは ないでせう。

いいえ、さうでは ありません。

中村君からは、何も 聞いて ゐない。

위와 같이 부정(打消)의 문에는 「は」를 사용하는 것이 일반적입니다.

(に)

象は 鼻が 長い。

あの 川は 水が きれいです。

私は 心持が 惡く なりました。
弟は 私よりも せいが 高いのです。

위와 같이 「は」는 주어와 술어의 결합(○ 표시)을 술어로 삼는 주어에 붙습니다. 위의 첫 번째 예로 말하자면 「象は」는 주어이며 「鼻が 長い」는 술어입니다. 따라서 여기서의 술어는 주어 「鼻が」와 술어 「長い」로 이루어졌다고 할 수 있습니다.

(ほ)
中村へは 電話で 知らせました。
田中からは 返事が 來ました。
南洋の 海には、魚の 種類が 多い。
大阪の 町も 東京よりは 小さい。
敎へ方が 丁寧では あるが、なかなか 覺えられない。

위와 같이 「は」는 보통의 긍정에서도 특히 중점적으로 거론하는 어 뒤에 붙여 사용합니다.

85 「ば」와 「し」

「ば」는 동사·형용사 그리고 일부 조동사에만 붙여 다음과 같이 사용합니다.

(い)
조건을 나타냅니다.

(1)
明日 雨が 降れば、うちに ゐよう。
その 本が 面白ければ、私も 買ひませう。
あなたも 讀みたければ、私が お貸し致しませう。

등은 어떤 사태를 가정하여 그것을 조건으로 나타내고

(2)
人を 惡く いへば、人に 惡く いはれる。
始が よければ、終も よい。
人が 多ければ、相談が まとまりにくい ものです。

등은 항상 같이 일어나는 2가지 사태의 조건이 되는 것을 나타냅니다.

▮주의

「たら」「なら」에 붙을 때는 「ば」가 생략되는 경우도 있습니다. ([45]의
(주의), [64]의 (5), [65]의 (6) 참조)

　道が たひらなら(ば)、車で 行きませう。
　誰が 來たら(ば)、私に 知らせて 下さい。

あれが 茶店<u>なら</u>(ば)、行って 休みませう。

(ろ)

병렬해서 사용합니다. 이 경우 제3형에 조사 「し」를 붙여서도 말합니다.

中村は タイ語も 話<u>せば</u>(話す <u>し</u>) タガログ語も 話します。
中田は 頭もよ<u>ければ</u>(よい <u>し</u>)、身體も 丈夫だ。
昨日は 父にも ほめら<u>れれば</u>(ほめられる <u>し</u>)、兄にも ほめられました。

86 「ばかり」

「ばかり」는 다음과 같이 사용합니다.

學生が 二十人<u>ばかり</u> ゐます。
私は 一時間<u>ばかり</u> 待ちました。
あそこまでは 三粁<u>ばかり</u> あります。
この 瓶には 水が 二ニットる<u>ばかり</u> はいります。

위와 같이 「ばかり」는 수량을 대략적으로 말할 때 사용합니다.
「ばかり」는 다음과 같이 그것으로 한정된다는 의미를 나타낼 때도 사용합니다.

あの 人は 口で 言ふばかりで、實行しない。

私は 電車にばかり 乘って バスには 乘りません。

小さい 弟は、泣いてばかり ゐます。

87 「へ」

「へ」는 이동(移動)을 나타내는 동사와 함께 다음과 같이 사용합니다.

(い)

太郎は 海の 方へ 行きました。

飛行機が 東へ 飛んで 行きました。

あなたは こちらへ お出でなさい。

少し 前へ 出て 下さい。

위와 같이 「へ」는 방향을 나타낼 때 사용합니다.

(ろ)

ちょっと 此處へ お出でなさい。

私は 五時に うちへ 歸ります。

鉛筆は 机の 中へ 入れました。

蝿が 菓子の 上へ とまりますから、追って 下さい。

위와 같이 「へ」는 동작의 귀착점(歸着點)을 나타낼 때 사용합니다.

（は）

あの 本は 友達<u>へ</u> 貸しました。

あなた<u>へ</u>は 繪本を 上げませう。

私も 中村<u>へ</u> 話しました。

あなた<u>へ</u> 御願ひします。　これを 田中へ やって 下さい。

위와 같이 「へ」는 동작의 상대(相對)를 나타낼 때 사용합니다.

88 「も」

「も」는 다음과 같이 사용합니다.

（い）

私<u>も</u> 鉛筆を 買ひませう。

中村君は 南京へ<u>も</u> 行きました。

私は 田中と<u>も</u> 話しました。

위와 같이 「も」는 어떤 한가지 예를 들어 다른 것을 추측하게 할 때 사용합니다.

이러한 「も」는 의문 대명사에 붙으면 다음과 같이 전부를 포괄한 의미가 됩니다.

室の 中には 誰<u>も</u> ゐません。

カバンの 中には 何も 無い。

映畫館は どこも 滿員です。

(ろ)

富士山の 上には、木も 草も ありません。

私は 酒も 煙草も 嫌ひです。

電報は 中村君からも 田中君からも 來ました。

私は 北京へも 南京へも 行きました。

あの 池は あまり 大きくも 深くも ありません。

위와 같이 「も」는 누가(累加)에 사용합니다.

89 「より」

「より」는 다음과 같이 2가지 용법이 있습니다.

(い)

鐵は アルミニュームより(も) 思い。

今日は 昨日より(も) 暑い。

私は 弟より(は) 早く 起きます。

その 帽子は 十圓より(は) 高く ないでせう。

위와 같이 「より」는 비교의 기준을 나타낼 때 사용합니다. 이 경우 뒤에 「も」「は」 등이 많이 붙습니다.

(ろ)

この 町には 公園より(ほか) 見る 所が ありません。

私は 日本語より(ほか) 知りません。

北京へは 一度より(ほか) 行った ことが ありません。

蜜柑は 五つより(ほか) 殘って ゐない。

泣くより(ほか) しかたが なかった。

위와 같이 「より」는 「しか」([73] 참조)와 동일하게 사용합니다. 이 경우 뒤에 「ほか」를 붙일 때가 많습니다.

┃주의

위의 「ほか」를 「ほかに」라고도 합니다.

90 「を」

「を」는 다음과 같이 사용합니다.

(い)

門を 開く。　　窓を しめる。

本を 買ふ。　　茶を 飲む。

本を 植ゑる。

위와 같이 「を」는 동작의 대상을 나타낼 때 사용합니다. 이는 타동

사([25] 참조)를 사용하는 경우입니다.

이러한 「を」는 다음과 같이 사역의 의미를 갖는 문에서 자동사가 나타내는 동작의 주인(즉, 동작주(動作主))을 나타낼 때 사용합니다.

生徒を 三十分 休ませました。

美しい 花を 咲かせた。

妹を 途中から 歸らせました。

위의 문에서 「休む」「咲く」「歸る」라는 동작을 수행하는 것은 각각 「生徒」「花」「妹」입니다.

(ろ)

階子を 登る。　坂を 下る。

橋を 渡る。　室を 出る。

廊下を 走る。　山道を 行く。

空を 飛ぶ。　門を はいる。

學校の 前を 通る。

위와 같이 「は」는 동작이 이루어지는 장소를 나타낼 때 사용합니다. 이는 자동사([25] 참조)를 사용하는 경우입니다.

역서 해설

　『南方諸地域用日本文法敎本(남방제지역용 일본문법교본)』은 1943년 일본의 일본어교육진흥회(日本語敎育振興會)에서 간행한 남방 전 지역을 대상으로 한 일본어 문법서이다.

　남방(南方)은 사전적으로는 일본의 남쪽에 위치한 지역을 가리키며 구체적으로는 지금의 버마, 태국 등의 동남아시아와 호주, 뉴질랜드 등의 오세아니아 방면에 해당한다. 제2차 세계대전 당시 남방의 대부분은 일본의 식민지 혹은 점령지였으며, 주지의 사실이나 일군정은 「국어(國語)로서의 일본어」, 「동아어(東亞語)로서의 일본어」라는 명목 아래 식민지 및 점령지의 교육정책으로서 일본어의 강제적 보급 및 교육에 역점을 두었다.

　언어사(言語史)적인 관점에서 일본어는 어순(語順)을 포함한 문장구조 등의 문법적 특징은 북방어(北方語)로부터, 한편 어휘(한자를 제외) 등은 남방어(南方語)로부터 영향을 받았다고 한다. 그러나 남방의 언어는 한자문화권의 여부는 차치하더라도 언어유형론(言語類型論)적 측면에서 일본어와는 크게 구별되는바 실제 일본어 교육 현장에서 어떠한 교수법과 교재가 사용되었는가는 상당히 흥미로운 주제이다. 특히 앞서 언급한 강제적 일본어교육과 보급이 작금과 같은 원어민과의 원활한 커뮤니케이션이 아닌 철저한 동화(同化)에 기반한 '황민화

(皇民化)'를 목적으로 한 것이었기에 현재의 교수법, 교재와는 사뭇 다른 양상을 보였으리라는 합리적인 추론 역시 가능하다.

이에 당시 남방지역에서의 사용을 목적으로 간행된 일본어 문법서인 본서에 대한 번역작업을 진행하게 되었다. 본서의 구성은 현재 일본 국내외에서 사용되고 있는 일반적인 문법서의 체제와 상당 부분 유사하나, 위에서 지적한 일본어와의 언어유형론적 상위(相違)를 배려한 구성 역시 발견할 수 있다. 일례로 ①일본어문장의 개관, ②명사(名詞), ③수사(數詞), ④대명사(代名詞), ⑤동사(動詞), ⑥형용사(形容詞), ⑦형용동사(形容動詞), ⑧부사(副詞), ⑨접속사(接續詞), ⑩감동사(感動詞), ⑪조동사(助動詞), ⑫조사(助詞)로 이어지는 본서의 구성은 지금의 일본어 문법서와 별반 차이가 없으나, 조사(助詞)가 본서의 후반부에 일괄적으로 제시되고 있는 점은 지금의 관점에서는 파격적이기까지 하다. 이는 일본어와 상이한 언어체계로 인해 조사라는 문법 범주에 익숙지 않은 남방지역 언어 구사자를 염두에 둔 전략적인 구성이 아닐 수 없다. 더불어 각 문법 항목에 관한 실제 용례로 본서에서 제시되고 있는 여러 예문은 당시의 시대상과 일상 어휘를 반영하고 있어 언어 외적 요소에 관한 교육의 실상을 파악하는 데도 일조하고 있다. 따라서 본 역서를 통해 당시의 일본어 문법교육과 언어교육의 제상에 대한 이해를 도모할 수 있을 것으로 기대된다.

역자 **채성식**

고려대학교 일어일문학과를 졸업하고 일본 쓰쿠바대학 문예언어연구과에서
언어학석사와 언어학박사 학위를 받았다. 주요저서로는 『인문과학과 일본어
의 접점』(문, 2012), 『言語の主觀性 −認知とポライトネスの接点−』(くろしお出
版, 2016), 『중학교 생활일본어』(다락원, 2018) 외에 다수가 있으며, 주요 역서
로 『일본어로부터 본 일본인−주체성의 언어학−』(역락, 2015), 『세계의 언어정
책 1·2·3』(역락, 2017) 등 다수가 있다. 현재 고려대학교 일어일문학과 교수
및 고려대학교 글로벌일본연구원 원장으로 재직하고 있다.

일본 동남아시아 학술총서 14
남방 제지역용 일본문법교본

2022년 12월 29일 초판 1쇄 펴냄

편　자 日本語教育振興會
역　자 채성식
발행자 김흥국
발행처 보고사

책임편집 이경민
표지디자인 김규범

등록 1990년 12월 13일 제6-0429호
주소 경기도 파주시 회동길 337-15
전화 031-955-9797
팩스 02-922-6990
메일 bogosabooks@naver.com
http://www.bogosabooks.co.kr

ISBN 979-11-6587-394-3　94730
　　　 979-11-6587-169-7 (세트)

ⓒ 채성식, 2022

정가 13,000원